تانيو رومانو

الخداع الفلسطيني

القصة الحقيقية بعد 75 عاما من الأخبار المزيفة المعادية لإسرائيل التي لا تصدق

https://www.facebook.com/
ThePalestinianDeceit/

https://www.instagram.com/
ingannopalestinese

https://twitter.com/IngannoPale

https://www.facebook.com/TanioRomano

إلى أصدقاء الديانة اليهودية وللإسرائيليين

5

فهرس

ملاحظات من المؤلف

تمت مراجعة هذا المقال وإعادة فحصه بدقة. ومع ذلك ، لا يوجد أحد يمكن أن يكون لديه افتراض رسم عمل مثالي وهو بالتأكيد ليس كذلك. بما في ذلك عدة مئات من التواريخ والأسماء (خاصة من الشرق الأوسط) والمصادر والأرقام والاقتباسات والحكايات ، من الطبيعي أن تظل بعض الأخطاء ، حتى في الطباعة. أدعو إلى الإحسان الذي يمنحه القارئ عادة لأولئك الذين عملوا بحسن نية مطلقة. يتم إجراء السرعة لأي تصويب لأي شخص يطلبه بشكل معقول.

وبسبب هذا الكم الهائل من المعلومات على وجه التحديد ، ولجعل المحتوى سلسا قدر الإمكان ، تقرر ـ على عكس جميع المجلدات الخمسة الأخرى لهذا المؤلف ـ تجنب طريقة الاستشهادات النصية للمصادر ("هارفارد" أو ما يسمى "تاريخ الاسم").

ولذلك فإن المصادر النسبية، التي استمدت منها المعلومات التي لا تعد ولا تحصى التي يقدمها هذا المجلد، سيشار إليها في جزء منفصل.

فيما يلي بعض المؤشرات لتسهيل القراءة:

1 ... جزء من الاقتباس غير مذكور.

2 [N.d.A.] تعليقات أو إضافات، وردت بخط مائل وبين علامتي اقتباس في المقال، ولا تعزى إلى النص الأصلي.

3 أي اقتباسات أو مقاطع تم الإبلاغ عنها خطأ ، كليا أو جزئيا ، حتى فيما يتعلق بمجرد علامات الترقيم ، يجب تحميلها على الكاتب الذي يعتذر مسبقا للمؤلفين.

4 الأحكام على الأشخاص أو الحقائق أو السلوكيات هي دائما وجهة نظر شخصية للكاتب ، وبالتالي لا تدعي بالضرورة أنها قائمة على أساس أو صحيحة.

5 على الرغم من الوعي التاريخي بأن "الفلسطينيين" كانوا دائما في الواقع (يعتبرون) اليهود ـ كما هو موضح بوضوح في المقال ـ بالنظر إلى أنه ، على العكس من ذلك ، منذ ستينيات القرن العشرين ، تم عكس الإسناد الدقيق للمصطلح لغويا ، من أجل فهم أفضل للقارئ ، سيتم استخدامه ، مباشرة من العنوان ، بالمعنى الشائع (الخطأ).

مقدمة

ربما لا توجد قضية تاريخية نجحت في توحيد الرأي العام الدولي على نفس الجبهة ـ بخلاف الاصطفافات السياسية أو الدينية أو العرقية أو الوطنية أو الاجتماعية المختلفة ـ وكذلك الصراع العربي الإسرائيلي.

والواقع أن الجانب "الفلسطيني" مدعوم أحيانا دون معرفة الأمر ، وأحيانا بسوء نية مطلقة. حتى الكاتب ـ على الرغم من أنه لم يكن لديه موقف موحد مؤخرا ـ يتغذى فقط على المعلومات العامة المتاحة ، فقد اعتبر دائما أن إسرائيل مذنبة على الأقل بأنها بدأت النزاع من خلال "احتلال" أراضي الآخرين.

لذلك كانت مفاجأة كبيرة أن نكتشف ـ بعد فحص جميع المصادر ـ أن الأمور لم تكن بهذه الشروط ، ولكن تم عكسها ببراعة: على سبيل المثال ، الفلسطينيون في الواقع قد اعتبرهم تاريخيا الجميع ـ على الأقل حتى 60s ـ اليهود. أن المحرضين على الكراهية، وكذلك مرتكبي العنف الأعمى، دعاة الحرب الحقيقيين، منذ عام 1947، كانوا العرب على وجه التحديد؛ أن وسائل الإعلام ووسائل التواصل الاجتماعي والدول والمنظمات الدولية (بما في ذلك المنظمات غير الحكومية) قد اعتمدت على قدر لا يصدق من الأكاذيب أو الإغفالات أو الأخطاء أو الفظائع التي لا توصف؛ أن إسرائيل ـ على عكس الدول العربية ـ واحدة من أكثر الدول حرية وديمقراطية وتعددية دينية ومتعددة الأعراق في العالم؛ أن الإسرائيليين يلومون بشكل لا يصدق ليس فقط على وجودهم ، ولكن أيضا على "الجرأة" على الدفاع عن أنفسهم ضد الهجمات العسكرية والإرهابية ؛ أن اللوبي الحقيقي هو اللوبي العربي، الذي يتم توفيره باستمرار من خلال نشر لا حد له للتمويل الاقتصادي الدولي الذي سنكشفه بالتفصيل؛ أن المعسكر الفلسطيني كان دائما على مدى أكثر من 75 عاما موجها ومتغلغلا ودفاعا عنه من قبل الشخصيات والإيديولوجية النازية الفاشية بشعاراتها النموذجية، حتى في المقاطعات الخادعة ضد إسرائيل؛ أن الولايات المتحدة والمملكة المتحدة كانتا على دراية جيدة بالهولوكوست خلال الحرب العالمية الثانية ، لكنهما فضلتا عدم التدخل حتى لا تستعدي الشعوب العربية في فلسطين.

لم يكن هناك vademecum ذات طبيعة شعبية ـ ولكن على أي حال متعمقة وموثقة جيدا ـ من قبل مؤلف لم يكن مرتبطا بأحد الطرفين المعنيين ، أو كان لديه تحيزات من أي نوع.

هذا لا يعني أن ميل الكاتب ليس بوضوح للديمقراطية (الإسرائيلية). ولكن هذه ليست سوى نتيجة لتقييم الحقائق وترجيح الأدلة التي سأبلغها أدناه ؛ إنه ليس افتراضا غير مدفوع.

يعتقد الكاتب ـ وهو ليس إسرائيليا ولا يهوديا ـ أن إيطاليا (وأوروبا)، بدلا من تنفيذ سياسات رجعية مؤيدة للفلسطينيين، لا يمكن أن تتقدم إلا من خلال اتباع مثال من مجتمع مفتوح مثل مجتمع إسرائيل.

الوحيد ـ الذي ربما لا يتكرر ـ في الشرق الأوسط.

الفصل 1 ـ لا يوجد تاريخ!

اختراع "فلسطين"

اعترف زاهر محسن، عضو اللجنة التنفيذية لمنظمة التحرير الفلسطينية، في مقابلة مع صحيفة ترو الهولندية في 31 مارس 1977:

"الشعب الفلسطيني غير موجود. إن إقامة دولة فلسطينية هي مجرد أداة لمواصلة كفاحنا ضد دولة إسرائيل من أجل وحدتنا العربية".

رأي معزول حتى بين العرب؟ على العكس من ذلك: عزمي بشارة، عربي إسرائيلي، عضو فلسطيني سابق في الكنيست هرب من إسرائيل للتجسس خلال حرب لبنان الثانية لصالح حزب الله، عبر عن نفس المفهوم: "الشعب الفلسطيني غير موجود...".

في عام 1937 ، كان أحد الدعاة العرب المحليين ، عوني بك عبد الهادي ، قد توقع بالفعل المفهوم إلى لجنة بيل التي تعاملت مع تقسيم فلسطين:

"إنه غير موجود! " فلسطين" مصطلح صاغه الصهاينة! لا توجد فلسطين في الكتاب المقدس...".

أردت أن تعطي بداية هذا المجلد الكلمة مباشرة ل "الفلسطينيين" أنفسهم لإنكار وفضح أول كذبة كبيرة. لم تكن هناك أبدا لغة وثقافة فلسطينية. هذه مجرد "اختراعات" مثل الأردنيين والسوريين واللبنانيين والعراقيين ـ جميع الكيانات الوطنية التي تم إنشاؤها بعد الحرب العالمية الأولى.

خلال الإدارة البريطانية (1918-1948) تم تعريف فلسطين رسميا على أنها منطقة تبلغ مساحتها حوالي 26320 كيلومترا مربعا تحدها من الشمال التلال جنوب نهر الليطاني في لبنان. من الشرق نهر الأردن والبحر الميت ووادي عربة. إلى الغرب من البحر الأبيض المتوسط وشبه جزيرة سيناء. وإلى الجنوب من خليج إيلات.

في هذه المرحلة ، من الضروري العودة إلى أصل الكلمة: الأرض المقدسة في اللاتينية تسمى سوريا فلسطين، في العبرية التوراتية Pelesheth o Eretz Pelishtiyim ، "أرض الفلسطينيين" ، في العبرية الحديثة تم استبدالها ب Eretz Ha-Ivrim ، "أرض العبرانيين" ، "أرض إسرائيل" ومدينة إسرائيل "دولة إسرائيل" ومرة أخرى "الأرض التي يتدفق فيها الحليب والعسل" ، "أرض الميعاد". ينحدر فلسطين باللغة العربية بالضبط من هذا الاسم اللاتيني ، الذي يعود تاريخه إلى عام 135 بعد الميلاد ، ويعيد الاتصال باسم شعب بحري

في بحر إيجه استقر على ساحل كنعان في العصور القديمة ، أو الفلسطينيين. في وقت لاحق ، أصبحت Filistea اللاتينية ، مع مرور الوقت ، باليستينا أو فلسطين.

أولئك الذين يشككون في الملكية اليهودية لهذه الأرض يحتاجون فقط إلى تذكر أن أسباط إسرائيل الاثني عشر شكلوا أول ملكية دستورية في كنعان حوالي عام 1000 قبل الميلاد. على الرغم من أنه في ظل النظام الملكي تم تقسيم ما يسمى ب "فلسطين" إلى مملكتين ، إلا أن اليهود كانوا الأغلبية لأكثر من 400 عام. نحو نهاية الألفية 2 قبل الميلاد. وصل اليهود إلى يهودا والسامرة والجليل. خلال معظم السنوات ال 1000 التالية ، شكلوا غالبية السكان وحكموا كل البلاد تقريبا. على العكس من ذلك ، بعد قمع تمردين (الحرب اليهودية الأولى والثانية) ، في 66-73 و 132-135 م. أطلق الرومان على فلسطين على وجه التحديد يهودا ، وإيوديا على أنها فلسطين. ومع ذلك، بقي اليهود في فلسطين دون انقطاع حتى عام 1948 - حتى لو كانوا أقلية للأسباب المذكورة أعلاه ـ منذ أن أحضر هم موسى إلى هناك.

حتى علم الآثار يؤكد أنه بعد الغزو اليهودي عام 1271 قبل الميلاد ، كان وجود اليهود مضمونا دائما لمدة 3300 عام أخرى. يمكن استنتاج التأكيد على أن اسم المنطقة التي تمتد عليها دولة إسرائيل اليوم ، وجزء من الأراضي ، كانت يهودا من حقيقة أنه في العملات المعدنية التي تحيي ذكرى انتصار تيتوس وفيسباسيان على مثيري الشغب اليهود في عام 70 بعد الميلاد ، نقرأ "Iudaea capta est".

الكل واضح.

والمسلمين؟ احتل العرب فلسطين فقط في عام 637 م وحكموا هناك حتى عام 750 م ، ليصبح المجموع 113 عاما. لاحظ أن العاصمة المختارة كانت مدينة الرملة (وليس القدس). الهيمنة العربية الوحيدة في عصرنا، بعد هذا الاحتلال، استمرت 22 عاما فقط. بدلا من ذلك ، كانت غزوات الفرس والشركس والبيزنطيين والأكراد والصليبيين والمغول منتشرة على نطاق واسع ، مرورا بالمماليك المصريين حتى الأتراك الذين سيشكلون الإمبراطورية العثمانية. على وجه التحديد خلال الإمبراطورية العثمانية ، في بداية القرن 20 ، بالإضافة إلى اليهود ، كان هناك المغاربيون والمصريون والدروز والأرمن واليونانيون والأتراك والتركمان والبدو في شبه الجزيرة العربية والشيشان والشركس والأذريون والألبان والأكراد والبوسنيون والفينيسيون.

ولا حتى ظل للعرقية أو المجموعة "الفلسطينية". من بين أمور أخرى، فإن العلم الفلسطيني (الذي اخترع من الصفر) هو نفسه، من قبيل الصدفة، علم الأردن (الدولة التي يحدها معها)، لكنه يختلف فقط من خلال وجود نجمة واحدة أقل.

أكد المؤرخ العربي الأمريكي الشهير ، أستاذ جامعة برينستون البروفيسور فيليب حتي ، في عام 1946:

"لا يوجد شيء اسمه "فلسطين" في التاريخ، بالتأكيد لا".

لكن على الأقل ستكون هناك إشارة في القرآن، كما نأمل. لا، هناك ذكر ل "الأرض المقدسة" (العراد المقدسة)، ولكن ليس هناك ذكر ل "فلسطين". حتى اليوم يطلق على العديد من "الفلسطينيين" اسم المصري (المصري) والمصاروة (المصريين) والحوراني والفيومي ؛ كل هذا يشهد على أصلهم من مصر. إليكم ما اعترف به وزير داخلية حماس فتحي حماد: "جميع سكان غزة نصفهم مصريون ونصفهم سعوديون".

وأين ولد القادة "الفلسطينيون"؟ المتحدث باسم منظمة التحرير الفلسطينية، محمود عباس (أبو مازن)، لم يولد في فلسطين، وعلى الأقل ياسر عرفات، أول زعيم لمنظمة التحرير الفلسطينية، الذي ولد وعاش في القاهرة، كما سنوضح، حتى بلغ سن الرشد.

وعلى العكس من ذلك، لم يتم إنشاء إسرائيل و / أو تأسيسها في عام 1948، ولكن في ذلك التاريخ، تم إضفاء الطابع الرسمي على الوضع الذي تبلور قبل ألفي عام من ظهور الإسلام هناك. والدليل على ذلك هو حقيقة أنه قبل عام 1967 لم يكن أي شخص غير يهودي يطلق على نفسه اسم فلسطيني. والاعتقاد بأن هناك من قلبوا قناعتهم رأسا على عقب اليوم، في المجالين السياسي والإعلامي.

فيما يلي بعض الأمثلة: دعونا نقرأ عناوين صحيفة L'Unità (PCI) يوم الاثنين 15 مايو 1948: "غزو فلسطين من قبل الجيوش العربية" ، "الضباط البريطانيون يقودون العرب" ، وكذلك "مندوب أوكراني يتهم الإمبرياليين في الأمم المتحدة" (!) مع تعليق كبير تحتها: "نظمت إنجلترا الغزو العربي لفلسطين" ؛ في الأسفل نرى "الأسلحة الإنجليزية والقادة للقوات العربية" و "نحو التدمير الكامل للقدس".

حالة معزولة؟ لن أقول ذلك: في 14 فبراير 1948 كان العنوان الرئيسي: "العرب يستعدون لغزو فلسطين". لم تكن الطبعات المحلية مختلفة ، مثل طبعة ببيمونتي في 13 فبراير 1948 ، والتي حملت صورة الحاج أمين الحسيني ، مفتي القدس ، بينما كان يؤدي التحية النازية لمتطوعي Waffen SS الإسلامية في نوفمبر 1943. التسمية التوضيحية أدناه رمزية:

"من مقره يعد المفتي مع أمراء الجامعة العربية غزو فلسطين ومذبحة اليهود. وراء مؤامرات الموالين لهتلر السابق ظل جهاز المخابرات".

ولا حتى الرسوم الكاريكاتورية معفاة. حيث ، أيضا من L'Unità بتاريخ 22 يناير 1947 ، نقش "تل أبيب" فوق شخصية جنديين (أحدهما يرتدي شارة MP) مع تعليق "كم هو عنيد هؤلاء اليهود ، لا توجد طريقة لجعلهم يفهمون أننا نفعل من أجل مصلحتهم". يظهر في الخلفية ثلاثة مدنيين (يهود) يرقدون على الأرض بلا حياة.

حتى الأمم المتحدة، في قرار التقسيم لعام 1947، تتحدث عن "دولة يهودية" و "دولة عربية"، وليس "فلسطينية".

من ناحية أخرى ، لولا الطريقة التي نحفز بها ، كيف كانت صحيفة المنظمة الصهيونية في الولايات المتحدة هي فلسطين الجديدة ، كيف سميت شركة الكهرباء الإسرائيلية شركة الكهرباء الفلسطينية ، كيف وجد صندوق مؤسسة فلسطين اليهودية أو ، في أمريكا ، احتوى نشيد الصهاينة الشباب على فقرة "فلسطين ، يا فلسطينيتي"؛ ومرة أخرى لماذا كانت جيروزاليم بوست ، من عام 1932 إلى عام 1948 ، هي فلسطين بوست ، بنك لئومي ، من عام 1902 إلى عام 1948 ، كانت الشركة الأنجلو ـ فلسطينية ، الوكالة اليهودية ـ التي تعاملت مع الاستيطان اليهودي من عام 1929 ـ تسمى الوكالة اليهودية لفلسطين ، أوركسترا إسرائيل الفيلهارمونية منذ عام 1936 كانت تسمى أوركسترا فلسطين السيمفونية؟

يسوع عالم

واحدة من أكثر الممتنعات "لعبا" هو أن القدس كانت ستكون عربية أو فلسطينية. في بلد فقدان الذاكرة، يفلت من حقيقة أنه لم يكن أبدا عاصمة لأي دولة عربية، ولا حتى، كما رأينا، عندما احتلها الأردن. على العكس من ذلك ، جعلها الملك داود الثاني عاصمة إسرائيل منذ أكثر من 3000 عام. وإذا لم يكن ذلك كافيا، فإن القدس لم تر حتى ظل محمد.

تم ذكر القدس أكثر من 700 مرة في العهد القديم ، بينما لم يتم ذكرها أبدا في القرآن. اليهود يصلون ووجوههم نحو القدس، بينما يصلي المسلمون وظهورهم نحو القدس. من يدري لماذا... لطالما كانت القدس موطنا لأقدس المواقع اليهودية ، وهي الحائط الغربي في البلدة القديمة ـ آخر سور متبق من الهيكل اليهودي القديم ـ وجبل الهيكل. علاوة على ذلك ، عاش اليهود هناك بشكل مستمر منذ ما يقرب من ألفي عام ، ومنذ عام 1840 ، شكلوا أيضا الأغلبية.

إذا كان ماركس في صحيفة ديلي تريبيون (04.15.1854) يحصي 15500 نسمة في القدس (4000 مسلم و 8000 يهودي) ، رسميا في عام 1876 كان هناك 25000 شخص (12000 يهودي و 7500 مسلم و 5500 مسيحي). في عام 1905 كان هناك ما مجموعه 60،000 نسمة ، منهم 40،000 يهودي و 7،000 مسلم و 13،000 مسيحي. في عام 1931 كان هناك ما مجموعه 90،000 (فقط 50،000 يهودي ، 20،000 مسلم ، وتقريبا نفس العدد من المسيحيين). في عام 1948، عندما كانت الدولة اليهودية على وشك إضفاء الطابع الرسمي، كان هناك ما مجموعه 165,000 شخص (100,000 يهودي و40,000 مسلم و25,000 مسيحي). الأرقام تتحدث عن نفسها.

ومع ذلك، في يوليو/تموز 2000 أثناء قمة كامب ديفيد، قال عرفات في محاولة للبقاء جادا إنه لا يوجد هيكل يهودي في القدس، بل المسجد الأقصى فقط . وهكذا، علينا أن نسأله عن الذكريات التاريخية لجوزيفوس وتاسيتوس، والنقوش البارزة لقوس تيتوس التي تصور السجناء اليهود الذين يحملون على أكتافهم الشمعدانات ذات الفروع السبعة، الشمعدان، الذي هو اليوم الرمز المؤسسي لدولة إسرائيل، هل ستكون مزيفة؟!؟ وبخه عالم الآثار غابرييل باركان على الفور ، مشيرا إليه إلى "إنكار أسوأ من إنكار المحرقة". ومع ذلك، ينبغي لعرفات نفسه أن يعرف أنه في الفترة من عام 1924 إلى عام 1953، كان المجلس الإسلامي الأعلى يصدر دليلا للصحافة كل عام (دليل موجز للحرم الشريف) يؤكد أن "هويته مع موقع هيكل سليمان لا شك فيها".

إذا لم يكن ذلك كافيا ، فإليك ما كتبه المفسر على القرآن عبد الله بن عمر البيضاوي:

"لم يكن هناك مسجد عندما طار محمد إلى القدس".

يذكر المؤرخ الطبري أن الخليفة عمر ، أثناء الفتح ، ذهب إلى الموقع "حيث دفن الرومان هيكل بني إسرائيل". لكن هل تثق على الأقل في مفتي القدس، الحاج أمين الحسيني، الذي سنرى فظائعه المعادية للسامية لاحقا؟ حسنا ، لم يعترض نفس الشيء على نشر دليل المساجد في عام 1936 والذي أثبت ، دون شك ، أن الحرم الشريف قد بني بلا شك بدلا من الهيكل القديم.

عندما غزا الأردن القدس الشرقية واحتلها في أيار/مايو 1948، وقسم المدينة فعليا لأول مرة وطرد اليهود، ومنذ ذلك الحين، على الرغم من هدنة عام 1949 ولا سيما الفقرة 8 المتعلقة بحرية الوصول إلى الأماكن المقدسة والمؤسسات الثقافية، منع اليهود من الذهاب إلى حائط المبكى ومقبرة جبل الزيتون. كما شوه الملك حسين المشاعر الدينية اليهودية عندما تم بناء طريق إلى فندق إنتركونتيننتال ، عبر مقبرة جبل الزيتون وشواهد القبور التي تخلد ذكرى الحكماء والحاخامات. تم إعادة تدويرها من قبل سلاح المهندسين العربي الأردني كأرضيات ومراحيض في معسكرات الجيش. لسوء الحظ ، لا يزال من الممكن رؤية النقوش على الحجارة اليوم. إذا لم يكن ذلك كافيا مرة أخرى ، فقد فعل الأردنيون أسوأ من خلال تدمير الحي اليهودي القديم والبلدة القديمة والعديد من المعابد اليهودية.

من ناحية أخرى، وافقت إسرائيل، بعد حرب 1967 المنتصرة، على قانون الحرية الدينية المطلقة للجميع:

"أي شخص يفعل أي شيء يشبه انتهاك حرية وصول أتباع الديانات المختلفة إلى الأماكن المقدسة لهم يكون عرضة للسجن لمدة تصل إلى خمس سنوات".

والدليل على ذلك هو أنه حتى الرئيس أنور السادات نفسه سمح له بالصلاة بحرية في المسجد الأقصى. ثم تركت إسرائيل حماية أماكن عبادتهم والسيطرة عليها لكل طائفة. على سبيل المثال، تدير الأوقاف، وهي الهيئة التي تشرف على التراث الثقافي الإسلامي في جميع أنحاء العالم العربي، المساجد في الحرم القدسي. هذا لا يعني أن إسرائيل لا تبذل قصارى جهدها لمنع المخاطر على سلامة تلك الأماكن: فقط فكر في أنه في عام 1990، أرادت جماعة مؤمني جبل الهيكل، وهي جماعة يهودية متطرفة، السير إلى جبل الهيكل، خلال عيد العرش، لإيداع حجر الأساس للهيكل الثالث. رفضت الحكومة الإسرائيلية، بدعم من محكمتها العليا، الموافقة على هذه المسيرة التي كان يمكن أن تمس الحساسية العربية أيضا.

عندما سيطرت إسرائيل، بعد حرب دفاعية أخرى، على كل القدس، سمحت للسكان العرب باختيار ما إذا كانوا سيصبحون مواطنين إسرائيليين أو يظلوا أردنيين، مع الاحتفاظ بكل حق في التصويت. المفارقة هي أن العديد من العرب لم يكن لديهم نية لأن يصبحوا فلسطينيين. ادعى إسماعيل الخالدي، وهو بدوي في السلك الدبلوماسي الإسرائيلي:

"أنا إسرائيلي بكل فخر ومثل الأعراق الأخرى نعيش في واحدة من أكثر الدول تعددا بين الأعراق والديمقراطية الوحيدة في الشرق الأوسط".

في كانون الأول/ديسمبر 2021، نشر موقع شفا نيوز الفلسطيني استطلاعا رمزيا للرأي، أجري على عينة من 1200 فلسطيني في القدس يحملون بطاقة هوية إسرائيلية؛ قال 93٪ ممن تمت مقابلتهم إنهم يريدون الاستمرار في العيش في إسرائيل ويفضلون أن تستمر القدس تحت حكم الدولة اليهودية. الصحفي العربي الإسرائيلي يوسف حداد، المولود في عائلة مسيحية في حيفا والمعروف بمواقفه ضد حماس، تناول الأخبار على وسائل التواصل الاجتماعي الخاصة به، بسخرية: "إنه لأمر مدهش كيف يفضل الناس الاستمرار في العيش في ظل نظام فصل عنصري". وقالت الناشطة العربية الإسرائيلية، ذات العقيدة الإسلامية، ديما طايع، الشيء نفسه على شاشة التلفزيون للمذيعة الفلسطينية: "لا! إسرائيل ليست دولة فصل عنصري وأي شخص يعتقد ذلك يجب أن يخجل. أنتم تعيشون في هذا البلد وتتمتعون بكامل مزايا الجنسية الإسرائيلية".

في عام 2007، كان هناك حديث عن تقسيم المدينة في مؤتمر أنابوليس؛ حسنا، من بين 12,000 فقط ـ من إجمالي 250,000 ـ الذين تقدموا بطلب للحصول على الجنسية منذ عام 1967، غمر 3,000 طلب جديد وزارة الداخلية الإسرائيلية في الأشهر الأربعة التي سبقت المؤتمر. من الواضح أنه بسبب الخوف من أن تتحقق خطة المرور تحت الحكم الفلسطيني. وعندما كان يعتقد أنها ستتحرك الحدود، بحيث "يمر" العديد من السكان إلى الدولة الفلسطينية، كتب عرب إسرائيل في هذه المدن، ولا سيما أم الفحم أو أكبر مدينة إسلامية في إسرائيل، إلى رئيس الوزراء أولمرت من أجل الحفاظ على الحقوق المدنية والسياسية وحقوق الإنسان والرفاه التي لا يمكنهم الاستمرار في التمتع بها في الشرق

الأوسط إلا إذا بقوا في إسرائيل. وقال الشيخ هشام عبد الرحمن، رئيس بلدية أم الفحم ورئيس منتدى وادي عارة لرؤساء البلديات العرب اليهود: "نريد أن نبقى جزءا من دولة إسرائيل".

ارفع يدك إذا كنت لا تزال تعتقد أن العرب مضطهدون من قبل اليهود ...

"سرقة" الأراضي (مقابل دفع)

لنبدأ من البداية، أي منذ أن أفسح اليهود المجال لذلك الابتكار العظيم لحكومة حزب العمال الذي كان الجماعية في الريف مع تشكيل الكيبوتسات، المجتمعات الريفية القائمة على المساواة المطلقة بين أعضائها. لم يكن سوى تطبيق برنامج تيودور هرتزل على المستعمرات الجماعية هو الذي سمح بتحويل عدد كبير من اللاجئين اليهود ، الذين كانوا عموما تجارا أو محترفين ، إلى مزارعين حقيقيين. كما أشاد اليسار الإيطالي والاتحاد السوفيتي والكتلة السوفيتية بأكملها بهذا النظام.

أشادت صحيفة PCI ، L'Unità ، التي ذكرناها بالفعل ، على النحو التالي:

"إن الأفندي ، هؤلاء المدافعين العنيدين عن حقوق ملاك الأراضي العرب ، سيذكرونك أنه بين عامي 1922 و 1944 زاد اليهود من 84000 إلى 554000 ، لكنهم لن يخبروك أن المسلمين زادوا من 589000 إلى 1061000 في نفس الفترة بفضل انخفاض معدل الوفيات ، وخاصة من الأطفال الرضع ، مع زيادة خصوبة التربة ، مكنت أعمال الاستصلاح اليهودية وولادة المدن الصناعية فلسطين من الترحيب بالعرب من البلدان المجاورة. الفلاح الذي يرسل أطفاله إلى المدرسة والذي لديه المال لأول مرة بعد قرون من البؤس هو خبر خطير لهيمنة لا تزال في العصور الوسطى".

ثناء كامل. بعد ذلك ، كما سنرى ، في عام 1951 انهارت العلاقات بين موسكو وتل أبيب وبالتالي أيضا مع الحزبين الرئيسيين لليسار الإيطالي. لا أحد يستطيع أن ينكر أن اليهود أحيوا الجليل إلى بهائه التوراتي. أسس اليشوف ، الجالية اليهودية في أرض إسرائيل ، مدنا (تل أبيب عام 1909) وأنشأوا جامعات (في عام 1924 التخنيون في حيفا ، في عام 1925 جامعة القدس).

لكن دعنا نصل إلى النقطة المحورية أو الكذبة ، التي تموت بشدة ، والتي بموجبها ، في الفترة ما بين الحربين العالميتين ، كان اليهود قد "سرقوا" الأرض من العرب. أين سننتهي يمكننا الكتابة ... إنه لأمر مؤسف ... أنهم، في الحقيقة، اشتروها من خلال إنشاء كيرين هايسود في عام 1920، صندوق البناء الوطني لإسرائيل، الذي كان مسؤولا، على وجه التحديد، عن جمع الأموال لشراء الأراضي في انتداب فلسطين. اشترى اليشوف حوالي 533,000 دونم، والتي نمت إلى 300,000 أخرى في ثلاثينيات القرن العشرين، بدءا من

العقارات الكبيرة والواسعة، ثم مع الممتلكات الأصغر، غير المأهولة وغير المزروعة عادة ما يعاد بيعها لليهود من قبل أفندي الغائب. لم يسرق أحد أي شيء، بل تم دفعهم بما يتجاوز القيمة السوقية حيث ارتفعت الأسعار في عام 1944 إلى 50 ضعف أسعار عام 1910! ضع في اعتبارك أن اليهود حصلوا على الأرض من ملاك الأراضي العرب بأسعار باهظة (حتى عند 1,000.00 - 1,500.00 دولار للفدان) عندما تم بيع أرض أيوا الغنية (الولايات المتحدة الأمريكية) في نفس الفترة بحوالي 110.00 دولار للفدان.

كشف القنصل الألماني في القدس، هاينريش وولف، حقيقة عظيمة:

"إنهم [الملاك العرب A.d.N] الاحتجاج على الهجرة اليهودية نهارا وبيع الأراضي لليهود ليلا".

الحديث النموذجي والغش.

يؤكد إيلي برنافي كيف باع كبار اللوردات والفلاحين الصغار أراضيهم للكيانات الصهيونية بأسعار مرتفعة للغاية، وبالتأكيد دون الالتفات إلى مسائل الملكية الزائفة.

"اليهود ـ كررت لجنة سيمبسون في عام 1930 ـ دفعوا ثمنا باهظا جدا للأرض، وغالبا ما دفعوا أيضا لأولئك الذين احتلوا تلك الأرض دون امتلاكها مبالغ كبيرة لم يكونوا ملزمين بدفعها".

لكن المفارقة في المفارقات هي أن المؤيدين المفترضين للمحرقة الفلسطينية المزعومة قد زادوا في الواقع من عدد العرب في الموقع (المهاجرين من البلدان المجاورة)، على وجه التحديد بسبب الظروف المعيشية المريحة التي جلبها اليهود.

"الهجرة العربية ـ أكد الحاكم البريطاني لسيناء في ثلاثينيات القرن العشرين ـ لا تستمر فقط من مصر، ولكن أيضا من شرق الأردن وسوريا، ومن الصعب القول إن العرب في فلسطين سيتم طردهم إذا استمر وصول الآخرين في هذه الأثناء".

كان النمو أكثر من 20 في الألف، وعلى وجه الخصوص، بين عامي 1922 و 1944، تضاعف عدد العرب. علاوة على ذلك، كان هناك انخفاض حاد في معدل الوفيات، خاصة بين الرضع (الذي انخفض بسرعة بين عامي 1925 و 1945 من 201 إلى 94 لكل ألف). ومن ثم فإن "النقص في الأراضي ـ الذي أكدته لجنة بيل في عام 1937 ـ لا يرجع إلى مشتريات اليهود بقدر ما يرجع إلى الزيادة في عدد السكان العرب". على العكس تماما مما تمارسه الخدع المعادية لإسرائيل.

ولإسكات الكوارث المؤيدة للفلسطينيين، تركزت الزيادة على وجه التحديد في المناطق ذات الكثافة اليهودية الأعلى. بل بين عامي 1922 و1947، على سبيل المثال، في حيفا والقدس،

مدينتي العرب والإسرائيليين، ارتفعت الأولى على التوالي بنسبة 290٪ و131٪، بينما من المفارقات أنها في مدينتي نابلس وجنين العربيتين الوحيدتين كانتا أقل بكثير، أي 42٪ و37٪.

محرقة "محاولة" ... يحقق النتيجة المعاكسة. لا يوجد شيء آخر يمكن قوله.

═══════════

إسرائيل منتصرة، وحدها ضد الجميع

ولكن كيف حدث إضفاء الطابع الرسمي على دولة إسرائيل؟ في المؤتمر الصهيوني السادس، في بازل في 26 أغسطس 1903، قدم هرتزل بعض البدائل لملاذ آمن لليهود الفارين من روسيا: أوغندا، وهي منطقة ساحلية في سيناء في مصر اليوم، أو مقاطعة أرجنتينية، أو أخيرا منطقة في شمال شرق أستراليا. في النهاية، تم اختيار الخيار الذي نعرفه جميعا. كانت المشكلة أنه حتى بعد الهولوكوست، لم ترغب أي دولة في تولي مسؤولية نصف مليون يهودي (ما يسمى بالنازحين) كما تم تعريفهم بازدراء من قبل بيروقراطية الحلفاء. وعلى الرغم من أن بريطانيا العظمى وكتابها الأبيض لا يزال ساري المفعول حتى بعد نهاية الحرب العالمية الثانية، لم تكن بالتالي خيارا، بل الأمل الوحيد. وهكذا بعد الهولوكوست وجد ما يقرب من 200000 ناج ملاذا آمنا في الدولة اليهودية، التي تم إنشاؤها، كما سنرى، بفضل تصويت ثلثي الأمم المتحدة في عام 1947. سرعان ما لجأ 800000 يهودي إلى هناك بعد طردهم أو هروبهم من الاضطهاد من الدول العربية.

ومن الشائعات الأخرى أن دولة إسرائيل كانت "تعويضا" لليهود بعد المحرقة. في مايو 1947، في الواقع، دافع المندوب السوفيتي أندريه جروميكو بقوة عن هذا الاختيار في الأمم المتحدة:

"إن عدم تمكن أي دولة من دول أوروبا الغربية من ضمان الدفاع عن الحقوق الأساسية للشعب اليهودي وحمايته من عنف الجلادين الفاشيين يفسر تطلعات اليهود إلى إقامة دولتهم الخاصة. وسيكون من الظلم عدم أخذ ذلك في الاعتبار وإنكار حق الشعب اليهودي في تحقيق هذا الطموح".

إليكم ما كتبه الكاتب الإيطالي الشهير بيير باولو بازوليني لاحقا في Nuovi Argomenti في العدد 6 من أبريل إلى يونيو 1967:

"... هل إسرائيل دولة ولدت بشكل سيء؟ ولكن أي دولة، الآن حرة وذات سيادة، لم تولد بشكل سيء؟ ومن منا، علاوة على ذلك، يمكن أن يضمن لليهود أنه لن يكون هناك المزيد من هتلر في الغرب ...؟ أو أن اليهود سيكونون قادرين على الاستمرار في العيش بسلام في

الدول العربية؟...وما هي المساعدة التي تقدم للعالم العربي من خلال التظاهر بتجاهل رغبته في تدمير إسرائيل؟...". ثم هاجم بازوليني العرب بسبب "عدم مسؤولية قوميتهم المتعصبة".

سأل أحد أعضاء مجلس اللوردات وايزمان ، في جهل فظ:

"لماذا تصرون على فلسطين الانتدابية عندما يكون هناك الكثير من الدول النامية للذهاب إليها؟".

كان الجواب مدمرا:

"لماذا تذهب إلى والدتك على بعد عشرين ميلا ، عندما يكون هناك الكثير من كبار السن بالقرب من منزلك لزيارتهم؟"

من ناحية أخرى ، إنها قصة متكررة أن البريطانيين كانوا يعدون العرب ، في المراسلات بين حسين وماكماهون ، بالاستقلال في فلسطين. في الواقع، في وقت الحرب العالمية الأولى، بدأ الحسين بن علي، أحد الزعماء الروحيين الإسلاميين منذ يوليو 1915، في تبادل سلسلة من الرسائل مع السير هنري ماكماهون، المندوب السامي لمصر، للتفاوض على المناطق التي سيتم التنازل عنها للعرب مقابل المساهمة المقدمة للحرب ضد الأتراك. حسنا ، في المراسلات ، على الرغم من الهذيان ، لم يتم ذكر كلمة فلسطين أبدا ، وبالتالي ليس من الواضح ما هو الوعد الذي لم يكن البريطانيون ليوفون به.

ومع ذلك ، فمن الصحيح أنه بعد هزيمة الإمبراطورية العثمانية في الحرب العالمية الأولى ، قسم الفرنسيون والبريطانيون المنطقة إلى مناطق نفوذ. وبصفتهم أوصياء بالنيابة على الإمبراطورية العثمانية السابقة، فقد تخلوا عن الأراضي بغض النظر عن الحدود أو الأشخاص الذين عاشوا هناك. لمن؟ من السهل القول: في عام 1922 اخترعوا حرفيا إمارة شرق الأردن ، ثم ببساطة الأردن (أي كل فلسطين شرق نهر الأردن) من خلال إعطائها للأمير عبد الله. والعراق؟ تم وضعه في يد الأمير فيصل بن حسين في عام 1926 ، نجل شريف مكة.

في الأساس ، بهذه الإجراءات ، سرقت بريطانيا العظمى (نعم) حوالي 80٪ من الانتداب على فلسطين التي كانت في ذلك الوقت ملكا لليهود.

وإسرائيل متهمة بأنها حصلت على دولتها مجانا!

وكما سنرى، بالنسبة لهذا القرار الأحمق، كان بإمكان الأمم المتحدة أن تقسم فقط ال 20٪ المتبقية من فلسطين إلى دولتين. لنفترض إذن أنه عندما ضم الأردنيون الضفة الغربية أيضا في عام 1950 ، كان العرب في النهاية يمتلكون 80٪ من أراضي الانتداب ، بينما كانت دولة إسرائيل 17.5٪ فقط!

دعونا الآن نحلل، خطوة خطوة، التسلسل الزمني للأحداث بدءا من "وعد بلفور" الشهير الذي كتب به آرثر جيمس بلفور، وزير الدولة للشؤون الخارجية، نيابة عن الحكومة بأكملها، في 2 تشرين الثاني/نوفمبر 1917 الإعلان الشهير، الموجه إلى اللورد روتشيلد ثم إلى الاتحاد الصهيوني، "تعاطفا مع التطلعات الصهيونية اليهودية" ملتزما ب "التعاطف مع التطلعات الصهيونية اليهودية" ملتزما ب "إنشاء وطن قومي للشعب اليهودي في فلسطين"، من الواضح أنه لا يخل بحقوق جميع السكان في الموقع (وليس).

ووفقا للجنة بيل، التي عينتها الحكومة البريطانية، "كان من المفهوم، في وقت وعد بلفور، أن المنطقة التي كان من المقرر أن يقام فيها الوطن القومي اليهودي هي كل فلسطين التاريخية، بما في ذلك شرق الأردن".

وأعقب ذلك ما يسمى ب "الانتداب على فلسطين"، الذي أصدرته عصبة الأمم، والذي أذن بالحق القانوني لليهود في الاستيطان في منطقة مساحتها 10000 كيلومتر مربع بين نهر الأردن والبحر الأبيض المتوسط في غرب فلسطين. صدر في 24 أبريل 1920 في مؤتمر سان ريمو ، ثم تم تحديده في معاهدة سيفر ووافق عليه أخيرا بالإجماع في 24 يوليو 1922 من قبل مجلس عصبة الأمم من قبل أكثر من 50 دولة. لقد بلورت "الروابط التاريخية للشعب اليهودي مع فلسطين" وبالتالي اتجهت نحو "إعادة بناء وطنهم القومي في ذلك البلد" ؛ لذلك ، تمت دعوة الجميع لتسهيل الهجرة والمستوطنات اليهودية. هنا أيضا لا يوجد أي أثر لكلمة عربي. وعلاوة على ذلك، لا ينبغي الخلط بين هذا الانتداب والانتداب البريطاني، حيث نسبت مسؤولية إدارة المنطقة التي يحددها "الانتداب على فلسطين" إلى المملكة المتحدة.

بعد ذلك ، في 18 أبريل 1946 ، تم استبدال عصبة الأمم بالأمم المتحدة وقررت بريطانيا العظمى تسليم مسؤوليتها إلى الأمم المتحدة (14 مايو 1948). في غضون ذلك ، في مايو 1947 ، تم إنشاء UNSCOP ، لجنة الأمم المتحدة الخاصة المعنية بفلسطين ، المكونة من أحد عشر عضوا ، كانت مهمتهم ضمان حياد الخيارات والأحكام من خلال الذهاب إلى الموقع وتقييم الإجراءات التي يجب اتخاذها. أيدت كندا وتشيكوسلوفاكيا وغواتيمالا وهولندا وبيرو والسويد وأوروغواي الخيار الذي اتخذته بعد ذلك اللجنة المخصصة للجمعية العامة للأمم المتحدة. وعلى العكس من ذلك، كانت ثلاث دول ـ الهند وإيران ويوغوسلافيا ـ تأمل في دولة موحدة مقسمة إلى مقاطعات عربية ويهودية. وامتنعت أستراليا عن التصويت.

في 29 نوفمبر 1947 ، صوتت الجمعية العامة للأمم المتحدة، بالقرار 181 ، بالأغلبية (33 مقابل 13 ، امتناع 10 أعضاء عن التصويت). كان لأصوات السوفييت والدول التابعة لها وزن أساسي. بالنسبة لأولئك الذين يواصلون الثرثرة بشأن الدعم البريطاني لإسرائيل ، اعتبروا أن المملكة المتحدة امتنعت عن التصويت.

الخيار معروف جيدا: تم تحديد خطة التقسيم بطريقة حمقاء، غير مكتملة لأنه حتى في المدن اليهودية كان هناك العديد من العرب الذين ذهبوا إلى هناك، كما ذكرنا، منجذبين إلى نوعية الحياة. إلى اليهود ذهبت الأرض في الجزء الشمالي من البلاد، الجليل، وصحراء النقب الشاسعة ولكن القاحلة في الجنوب. وسيذهب الجزء المتبقي كله إلى الدولة العربية، أي الشريط الساحلي من رفح إلى غزة، والجليل الشمالي وجزء كبير من الداخل (بما في ذلك مدن نابلس والخليل وبئر السبع). كان من المقرر إدارة القدس كمنطقة دولية أيضا بسبب الضغط الحتمي للفاتيكان مع وجود خطر جسيم على أكثر من 100000 يهودي يعيشون هناك، وتحيط بهم الدولة العربية بشكل خطير.

إذا قمنا بتقييم آثار القرار 181 بالتفصيل، نكتشف بدهشة أن الدولة اليهودية وجدت نفسها مع عدد سكان يبلغ حوالي 500,000 يهودي وعدد أقل قليلا من العرب؛ أما الدولة العربية، فقد اعتمدت على أغلبية لا تصدق (حوالي 750,000 عربي مقابل 10,000 يهودي). ونتيجة لذلك، تبين أن الغالبية العظمى من مجموع سكان فلسطين هم من العرب. بالإضافة إلى ذلك، منع الكتاب الأبيض اليهود من أن يصبحوا أغلبية لأن هجرتهم محظورة، كما رأينا.

واحدة من أكثر الحكايات الطويلة تكرارا هي أن الأمم المتحدة أعطت كل الأراضي الخصبة لليهود. بالنسبة لأولئك الذين ليسوا على دراية بالجغرافيا والجيولوجيا، نشير إلى أن ما يصل إلى 60٪ من الدولة اليهودية هي صحراء النقب القاحلة. اليوم إذا نظرنا إلى خريطة إسرائيل فهي طابع بريدي مقارنة بالدول العربية الضخمة. في الواقع، إنها تمثل 2٪ فقط من الشرق الأوسط، أو قطعة صغيرة من الأرض ـ نكرر لأكثر من نصف الصحراء ـ أي 60٪ من 22٪، أو حوالي 13٪ من الأرض التي تم الوعد بها في عام 1917 مع وعد بلفور، وهو التزام تعهدت به عصبة الأمم في مؤتمر سان ريمو، تم تأكيده تدريجيا وأصبح ساري المفعول في سبتمبر 1923.

القليل جدا لاعتبار إسرائيل "إمبريالية"، ألا تعتقد ذلك؟

داود الإسرائيلي مقابل جالوت العربي

لقد كانوا يخبروننا منذ عقود أن الكراهية ضد إسرائيل ولدت نتيجة لتقسيم الأمم المتحدة وبعد "طرح" الأراضي المزعوم من العرب. دعنا نذهب للقيام ببعض التحقق من الحقائق، كالعادة.

بين عامي 1770 و 1786، أي قبل قرنين تقريبا، طرد اليهود من جدة بالمملكة العربية السعودية، ووجدوا ملجأ في اليمن؛ في عام 1790، في تطوان في شمال المغرب، عانوا من مذبحة مدمرة؛ وقعت أخرى في عام 1828 في بغداد، في عام 1834 في صفد، في عام

1839 في مشيد (إيران) وفي عام 1840 في دمشق. خاصة في الثلاثينيات ، بين عامي 1929 و 1935 ، كانت هناك مذابح النبي موسى والخليل ، التي أيدها ورغب فيها مفتي القدس. أعلن ما يسمى بالإخوان المسلمين الحرب المقدسة الشاملة ضد اليهود حتى تعرضوا لدولة الذمي المهينة. في ضوء كل هذا، فإن اضطهاد اليهود يسبق ـ وبفارق كبير ـ تقسيم الأمم المتحدة.

والحقيقة هي أن القوات المصرية والسورية والعراقية والأردنية واللبنانية ـ إلى جانب متطوعين ليبيين ويمنيين وسعوديين ـ ردت على هذا القرار في 14 مايو 1948 بإعلان الحرب من جانب واحد. إذا لم تكن هناك دولة فلسطين اليوم ، فهذا خطأ أولئك الذين رفضوا التقسيم بحمل السلاح. علاوة على ذلك، كان جمال الحسيني قد هدد بالفعل لمجلس الأمن في 16 أبريل 1948:

"أخبرنا ممثلو الوكالة اليهودية بالأمس أنهم ليسوا المهاجمين، وأن العرب بدأوا القتال. نحن لا ننكر ذلك. قلنا للعالم أجمع إننا مستعدون للقتال".

أصر عزام باشا، الأمين العام لجامعة الدول العربية، وأمر:

"ستكون هذه حرب إبادة ومجزرة هائلة سيشار إليها مثل مذابح المغول والحروب الصليبية".

سيحتج المندوب السوفيتي أندريه جروميكو إلى مجلس الأمن في 29 مايو 1948 بسخط:

"ليست هذه هي المرة الأولى التي تتجاهل فيها الدول العربية، التي نظمت غزو فلسطين، قرارا صادرا عن مجلس الأمن أو الجمعية العامة".

عندما تم شن الهجوم، كانت إسرائيل مثل داود ضد جالوت؛ في القدس كان هناك مدفع واحد فقط مثبت على عجلات ومدافع رشاشة قديمة وقنابل يدوية وزجاجات حارقة، بينما كان العرب يتباهون بالدبابات والمدفعية؛ ومع ذلك وصلت أول طائرة مقاتلة إلى إسرائيل بعد أسبوعين فقط من بدء الحرب. لم يكن هناك سوى عدد قليل من السيارات المدرعة المصنوعة يدويا ، والتي لم تكن أكثر من مركبات مدنية مزودة بدروع مرتجلة وتسليح هزيل. ربما كان سلاح الجو ، الذي كان لديه تسع طائرات قديمة ، أسوأ حالا. حتى احتياطيات الذخيرة كانت محدودة للغاية. بشكل عام، لم يكن لدى اليشوف جيش مناسب؛ الهاغانا (35000 مقاتل) والإرجون (حوالي 3000) تصرفوا بشكل منفصل، ولكن أيضا LHI (حوالي 400) والبلماح وغادنا وما يسمى ب "جيش الحامية" المكون من المدنيين وكبار السن من الرجال والنساء الذين كانت مهمتهم الدفاع عن مناطقهم؛ قدم الأخيرون مساهمتهم التي تقتصر على ضرب الأواني بالمغارف أو قطع من الحديد في محاولة لتخويف العرب بالضوضاء العالية.

لذلك كان النصر معجزة حقيقية، مع مثل هذه الأعداد والأسلحة غير المتناسبة بشكل لا يصدق؛ وهذا لا يشمل الأراضي العربية أكبر ب 80 مرة، و 20 مرة أكثر من إسرائيل. كان الدافع هو حقيقة أنه ، على عكس الإسرائيليين ، لم يهتم القروي العربي العادي في كثير من الأحيان على الإطلاق بما يسمى "استقلال" الأمة، لأنهم ، بشكل سيئ السمعة ، فكروا بأنانية أكبر في وحدة الأسرة ، ناهيك عن المنافسات القائمة بين القرى والعشائر والمناطق (واحدة لكل ذلك بين الحسينيوالنشاشيبي). ناهيك عن أولئك الذين وقفوا إلى جانب اليهود كجواسيس أو في القتال. وهذا يفسر سبب وجود عدد قليل جدا من المتطوعين العرب (حوالي 5000).

في فندق دي روز، في جزيرة رودس، تعثرت اتفاقيات الهدنة في 20 يوليو 1949 من خلال مرسوم دولة الأمر الواقع لعدم الاعتداء، ولكن دون إضفاء الطابع الرسمي ـ على الرغم مما هو شائع ـ على أي حدود دولية قانونية؛ وهذا ما يسمى الخط الأخضر. كما تم إنشاء أربع لجان هدنة مختلطة تسيطر عليها الأمم المتحدة (أو MACs).

وافقت إسرائيل على هدنة منفصلة (24 فبراير مع مصر 1949 ، 23 مارس مع لبنان ، 3 أبريل مع شرق الأردن و 20 يوليو مع سوريا). استقرت مصر في قطاع غزة ودخلت إمارة شرق الأردن الضفة الغربية.

بشكل مسيء.

وبفضل العرب حصرا ـ الذين أعلنوا الحرب ـ حصلت إسرائيل في نهاية المطاف على 78٪ من أراضي فلسطين الانتدابية، أي 50٪ أكثر من خطة التقسيم التي تصورتها الأمم المتحدة.

1956: العرب يحاولون مرة أخرى

غير راضين عن الهزيمة الأولى ـ التي تم البحث عنها والعثور عليها مع الحرب العدوانية الأولى ضد إسرائيل ـ في عام 1956 عاد العرب إلى الهجوم. في غضون ذلك ، غير الاتحاد السوفيتي موقفه منذ اندلاع ما يسمى ب "مؤامرة الأطباء" في عام 1953 ـ جميعهم تقريبا من اليهود ـ متهمين بالرغبة في قتل ستالين. تلفيق مثير للشفقة أن يكون لديك ذريعة لدعم دول عربية مثل سوريا ومصر ضد إسرائيل.

في البداية "استغل" المصريون رفض البنك الدولي الأمريكي تقديم قرض لتمويل بناء سد أسوان؛ وبالتالي أعلن عبد الناصر في يوليو 1956 أنه سيتم تأميم الشركة الدولية لقناة السويس على وجه التحديد لتمويل سد أسوان. في 9 أغسطس 1949 ، أعلنت لجنة الهدنة المشتركة ، بعد تلقي الشكوى الإسرائيلية ، أن الحصار المفروض على القناة غير قانوني.

في 1 سبتمبر 1951 ، أمر مجلس الأمن التابع للأمم المتحدة ، عبثا ، مصر بفتح قناة السويس أمام الشحن الإسرائيلي. فقط لفهم من يجب أن يلام على الحرب الجديدة ، أعلن وزير الخارجية المصري ، محمد صلاح الدين ، في بداية عام 1954:

"لا يتورع الشعب العربي عن القول: لن نرضى إلا بالمحو الكامل لإسرائيل من خريطة الشرق الأوسط".

تحقيقا لهذه الغاية ، في عام 1955 ، أمر رئيس مصر جمال عبد الناصر السوفييت بإرسال الأسلحة اللازمة للهجوم. في 31 أغسطس 1955 ، أعاد إطلاقه على النحو التالي:

"... لن يكون هناك سلام على الحدود الإسرائيلية... الانتقام هو موت إسرائيل".

وهكذا بدأ الإرهاب العربي مع ما يسمى بالفدائيين الذين قاموا على الحدود الإسرائيلية بأعمال تخريب وقتل مستمرة، منتهكين في الواقع الحظر المفروض على بدء الأعمال العدائية مع القوات شبه العسكرية، على النحو المتفق عليه في الهدنة. بعد حصار القناة ، كان هناك مضيق تيران وخليج العقبة ، وكما أعلن ، تم تأميم قناة السويس في يوليو 1956. في 14 أكتوبر 1956 ، أوضح عبد الناصر مرة أخرى من يريد الحرب:

"كراهيتنا قوية جدا. ليس من المنطقي الحديث عن السلام مع إسرائيل. لا مجال على الإطلاق للمفاوضات".

متابعة لهذه الكلمات، اتفقت مصر في 25 أكتوبر مع سوريا والأردن على تفويض عبد الناصر للتحضير للهجوم المشترك.

ماذا كانت ستفعل أمة مستفزة باستمرار؟ دافعت عن نفسها ، وكذلك فعلت إسرائيل ، بمساعدة بريطانيا وفرنسا ، في 29 أكتوبر 1956. كما هو الحال في فيلم رأيناه بالفعل (وسنراه مرة أخرى) أولئك الذين أرادوا بدء الحرب ، واستفزازهم وتهديدهم لسنوات ، فقدوا المزيد من الأراضي أو قطاع غزة ، وجزء كبير من سيناء وشرم الشيخ. إلقاء اللوم على إسرائيل؟

ستة أيام من تجدد العدوان

لكن على الأقل ما يسمى بحرب الأيام الستة كانت مطلوبة من قبل إسرائيل؟ لا ، لقد كان العرب مرة أخرى هم الذين أثاروا بدء الأعمال العدائية ، على الأرجح بتحريض سوفيتي. في الواقع، قبل يومين، وفقا لما ذكره موشيه ديان، وزير الدفاع الجديد آنذاك، كان ضابط المخابرات السوفيتية في القاهرة هو الذي حذر من حقيقة أن إسرائيل كانت تحشد تشكيلات

مدرعة كبيرة على طول الحدود الشمالية، لمهاجمة سوريا. ووفقا لمصادر أخرى، كان 13 أيار/مايو هو التاريخ الذي أبلغ فيه الرئيس السوفيتي نيكولاي بودغورني، شخصيا، أنور السادات، مساعد عبد الناصر، الذي كان يزور موسكو. حتى أنه يبدو أنه حدد أنه كان تجمعا من "أحد عشر إلى ثلاثة عشر لواء" وأن الجيش الإسرائيلي سيهاجم سوريا "في 17 مايو". ولهذا السبب، وفي اليوم نفسه، شعر وزير الدفاع السوري، حافظ الأسعود، بالقلق وطلب المساعدة من نظيره المصري عبد الحكيم أمير؛ وبالتالي طار رئيس الأركان المصري محمد فوزي إلى دمشق. سيعترف لاحقا:

"لم أجد أي بيانات ملموسة لدعم المعلومات الواردة. بل على العكس من ذلك، فإن الصور الجوية التي التقطتها طائرات الاستطلاع السورية لم تكشف عن أي حركة للجيش الوطني الإسرائيلي وحدات من التصرف الطبيعي".

وفقا لمذكرات فوزي، لم يرد أمير عندما أخبره فوزي في 15 مايو/أيار أنه لا يوجد ما يدعو للقلق.

"لذلك ، أصبحت مقتنعا بأنه من وجهة نظره ، لم تكن شائعات حشد القوات هي السبب الرئيسي لتعبئة ونقل الوحدات التي طلبها بشكل عاجل".

في الأساس ، كضابط في هيئة الأركان العامة المصرية ، اعترف اللواء عبد الغني الجماسي ، كان أمير (ربما بدفع من عبد الناصر) هو الذي أراد فقط الانتقام من عام 1956.

لإظهار أقصى درجات حسن النية الإسرائيلية ، في منتصف مايو 1967 ، طلب إشكول من السفير السوفيتي في تل أبيب ، ديمتري تشوباخين (يحمل مجلد "الضحايا" اسم ليونيد تشوفاكين ، لكن يجب علينا تصحيحه) ، أن يتحقق شخصيا من أن الشكوك كانت خاطئة لكن تشوباخين ـ الغريب ـ رفض بالرد بلا خجل على سنيه:

"لكن من سيقاتل؟ باريستا الإسبريسو والقوادون في شارع ديزنغوف [أهم شارع تسوق في تل أبيب]؟".

في 14 مايو/أيار ، حتى الأمين العام للأمم المتحدة ، يوثانت البورمي، أبلغ مجلس الأمن في نيويورك أن المراقبين في المنطقة نفوا وجود تجمعات من أي نوع. في اليوم التالي ، عبر رئيس منظمة الأمم المتحدة للإشراف على الهدنة ، الجنرال النرويجي أود بول ، عن نفسه بنفس الطريقة.

في 16 مايو 1967 ، استفز راديو القاهرة مرة أخرى:

"لقد استمر وجود إسرائيل لفترة طويلة جدا. لقد حانت ساعة المعركة التي سندمر فيها إسرائيل"، كما دعوا قوات الأمم المتحدة في غزة وشرم الشيخ إلى الانسحاب. في 19 مايو ـ للأسف ـ غادر هؤلاء الحامية وفي نفس اليوم أعيد إطلاق راديو القاهرة:

"هذه هي فرصتنا ، أيها العرب ، لتوجيه ضربة قاتلة للإبادة لإسرائيل ـ".

في 23 مايو ـ مكررا الحلقات السابقة ـ قام الرئيس المصري جمال عبد الناصر بإغلاق مضيق صور أمام السفن الإسرائيلية للإضرار بتجارة إسرائيل المزدهرة مع آسيا وشرق إفريقيا. أشارت إسرائيل بالطبع إلى أن هذا ـ بموجب القانون ـ كان عملا من أعمال الحرب. في 27 مايو ، أعلن ناصر مرة أخرى عن أهدافه:

"هدفنا الأساسي هو تدمير إسرائيل". في 30 مايو ، تم توفير القوات المصرية والعراقية والسعودية لصالح الملك حسين ملك الأردن. في 1 يونيو، صرح الزعيم العراقي أن الهدف هو "محو إسرائيل من الخريطة".

أرسلت وزارة الخارجية الإسرائيلية ، من خلال رئيس مراقبة الهدنة في الأمم المتحدة ، رسالة عاجلة إلى صدام حسين للبقاء بعيدا عن الحرب مع ضمان عدم تعرضه للهجوم. ومع ذلك ، نعلم أنه قرر ـ بشكل شرير ـ التصرف بشكل مختلف تماما وبعد سنوات سيعترف بأنه كان أحد أكبر الأخطاء التي ارتكبها.

في 5 يونيو، قامت إسرائيل، المحاصرة والمهددة مرة أخرى، ومرة أخرى بأعداد وأسلحة أقل بلا حدود، بضربة وقائية، تمهيدا لما يسمى بعملية التركيز، أي هجوم جوي مفاجئ واسع النطاق. وكيف انتهت؟ أسوأ مما كان عليه في عام 1956: سوريا فقدت مرتفعات الجولان، ومصر قطاع غزة وشبه جزيرة سيناء حتى السويس، والأردن شرق الأردن بأكمله (ما يسمى بالضفة الغربية).

لم يكن أي من هذا ليحدث بدون الحرب العربية "الإمبريالية".

لم يستطع الكنيست، البرلمان الإسرائيلي ، أن يفعل شيئا سوى التداول بشأن توسيع الدولة إلى القدس الشرقية وحائط المبكى ، Kotel. وبدت إسرائيل مرة أخرى حسن نيتها، فأرادت أولا التحقق مما إذا كان السلام قد تحقق بالتنازل عن الأراضي؛ ومن ثم ما إذا كان السلام قد تحقق بالفعل. وتحقيقا لهذه الغاية، بدلا من ضم الضفة الغربية، أنشأت إدارة عسكرية.

في عام 1972 ، تمت الدعوة إلى انتخابات في الضفة الغربية حيث يمكن للنساء والأشخاص الذين ليس لديهم ممتلكات التصويت لأول مرة. وأعطي عرب القدس الشرقية خيار الاحتفاظ بالجنسية الأردنية أو التقدم بطلب للحصول على الجنسية الإسرائيلية. وأخيرا تم تسليم الأماكن المقدسة الإسلامية، كما ذكرنا، ليديرها المجلس الإسلامي.

من ناحية أخرى ، والعكس صحيح ، في الخرطوم في أغسطس 1967 ، لم يستطع المهزومون إلا أن يتبنوا "اللاءات الثلاث" الشهيرة:

لا سلام مع إسرائيل، لا مفاوضات مع إسرائيل، لا اعتراف بإسرائيل، وكذلك المطالبة بحقوق الشعب الفلسطيني لأمته المفترضة.

إنهم سعداء ، والجميع سعداء!

وقامت إسرائيل، دون أن ترغب في ذلك أو تطلبه، بمضاعفة الأراضي الخاضعة لسيطرتها أربع مرات في ستة أيام فقط.

ألم يكن من الأفضل لو لم يكن العرب ، مرة أخرى ، يريدون حربا ويستفزونها ويخسرونها؟

____

استنزاف الهزيمة (الجديدة)

على الرغم من الهزائم المستمرة، استمر المصريون في شن الحرب، حتى بعد عام 1967 (حتى عام 1970)، بطرق أقل وقاحة وحماقية، على الرغم من محاولة الأمم المتحدة جلب الجانبين دبلوماسيا إلى اتفاق. بالنسبة للرئيس عبد الناصر كان من الواضح أن "ما تم الاستيلاء عليه بالقوة يجب استعادته بالقوة".

مرة أخرى، على الرغم من مساعدات الأسلحة الضخمة التي لا تعد ولا تحصى من الاتحاد السوفيتي، فشلت مصر في الفوز على الرغم من أنها ابتكرت صراعا منخفض الحدة سيتم تعريفه على أنه حرب استنزاف، أو قصف متقطع ومتداخل للمواقع الأكثر تقدما للجيش الإسرائيلي وأعمال الكوماندوز الفردية عبر القناة. في عام 1970 أسفرت الحرب عن وضع الحدود تماما كما كانت من قبل.

عاصفة في كوب من الماء.

الحرب حتى خلال الأعياد

هل تعتقد أنهم استسلموا الآن ، أليس كذلك؟ لا شيء من هذا القبيل! حاولت مصر وسوريا (بمساعدة تسع دول عربية على الأقل وهي الجزائر والسودان والمغرب والأردن ولبنان والعراق والمملكة العربية السعودية والكويت وليبيا) مرة أخرى ، وهاجمتا مرة أخرى ، في 6 أكتوبر 1973 ، يوم يوم الغفران ، أقدس عطلة في التقويم اليهودي ، بمناسبة تعليق جميع أنشطة الدولة.

وضعت إسرائيل في موقف دفاعي ، خلال اليومين الأولين من القتال ، واستمدت الليمفاوية من احتياطياتها وانتصرت في النهاية مرة أخرى. وغني عن القول إن السوفييت دعموا الجبهة العربية على مستوى الأدوات ، وقاطعوا ، إلى حد ما ، أي محاولة لإنهاء الحرب دبلوماسيا.

في 22 أكتوبر/تشرين الأول، صاغ مجلس الأمن الدولي القرار رقم 338 الذي أمر، كما سنرى، بوقف إطلاق النار من كلا الجانبين. لكن من قبيل الصدفة أنه تم التصويت عليه في الوقت الذي حاصرت فيه القوات الإسرائيلية الجيش المصري الثالث الذي كان على وشك الاستسلام ...

ولكن هل صحيح أن الجنود العرب الأسرى تعرضوا للتعذيب من قبل اليهود؟ خطأ. واعترف هيو بيكر، ممثل منظمة العفو الدولية، بما يلي:

"إنهم يعاملون بشكل جيد ... ويبدو أنهم يتلقون أفضل رعاية طبية".

بدلا من ذلك ، فإن العكس هو الصحيح. وتعرض الجنود الإسرائيليون الذين أسرهم الجنود السوريون والمصريون للتعذيب والقتل، في انتهاك واضح لاتفاقية جنيف بشأن أسرى الحرب. ووفقا لتقريرين، أرسلتهما الحكومة الإسرائيلية إلى الصليب الأحمر الدولي (في 8 ديسمبر/كانون الأول 1973 و9 ديسمبر/كانون الأول 1973)، اكتشف الجنود الإسرائيليون زملائهم الجنود، ضحايا مقيدي الأيدي والأقدام، وغالبا ما تكون عيونهم مقتلعة ومحترقة وعلامات واضحة على الاعتداء الجنسي.

في 27 أكتوبر 1973 كان هناك وقف لإطلاق النار في حرب أخرى غير مجدية ، أثارها أعداء إسرائيل ـ مرة أخرى.

========================

لبنان 1982: المجزرة (غير) الإسرائيلية

واحدة من الثرثرة التي تنافس كل شيء هي ما يسمى ب "المجزرة الإسرائيلية" في لبنان. من الضروري أن نقول الخلفية: في مارس 1978 تسلل إرهابيو منظمة التحرير الفلسطينية (ما يسمى ب "عملية الليطاني") إلى إسرائيل واختطفوا حافلة: مات 34 رهينة. وفي رد منطقي، دخلت القوات الإسرائيلية لبنان وهزمت الإرهابيين في الجزء الجنوبي من البلد.

وبمجرد الانتهاء من الرد المطيع، انسحب تساهال من لبنان بعد شهرين فقط، في أبريل 1982، امتثالا لقرار مجلس الأمن الدولي رقم 425/1978. لقد كان اختيارا سيئا لأن الإرهابيين عادوا إلى لبنان دون مضايقة، ومنذ ذلك الحين، جعلت منظمة التحرير الفلسطينية الحياة في شمال إسرائيل أكثر لا تطاق. وبالفعل، قصفت المدن الإسرائيلية، دون توقف تقريبا، معتمدة على مجموعة واسعة من المواقع المضادة للطائرات، ومئات الدبابات من طراز T-34، وترسانة هائلة من قذائف الهاون، وصواريخ الكاتيوشا، و17000 وحدة، منها حوالي 6000 مرتزقة من ليبيا والعراق والهند وسريلانكا وتشاد وموزمبيق. ثم ساعدت سوريا منظمة التحرير الفلسطينية بصواريخ أرض-جو.

تجدر الإشارة إلى أن الوضع في لبنان، على المستوى السياسي أيضا، كان معقدا للغاية بسبب حرب أهلية دموية استمرت حتى عام 1989. فمن ناحية، كانت الكتائب والحركة المحافظة المتطرفة، المدعومة من المسيحيين الموارنة، والتي كانت في خلافات عميقة مع المقاتلين الفلسطينيين (بما في ذلك المسلمين السنة والشيعة والدروز) الموجودين هناك بعد طردهم من الأردن خلال أحداث أيلول الأسود.

في 3 يونيو 1982، أصيب السفير الإسرائيلي في لندن شلومو أرغوف؛ ومرة أخرى اضطرت إسرائيل، التي استفزت، إلى الرد بشن عملية استمرت ثلاثة أيام (ما يسمى "عملية السلام مقابل الجليل") لصد الفدائيين شمال خط الليطاني؛ وفي النهاية استولى تساهال بالكامل على لبنان من الجنوب إلى الوسط. في 14 يونيو/حزيران، حوصرت المنطقة القريبة من بيروت، حيث كان مقر منظمة التحرير الفلسطينية، لمدة تسعة أسابيع. لكن من المخجل أن قوة عسكرية متعددة الجنسيات سمحت لحوالي 15,000 من رجال ميليشيا منظمة التحرير الفلسطينية بالفرار من الحصار إلى تونس واليمن.

عندما انتخب المسيحي بشير الجميل، حليف إسرائيل، اغتيل حتى قبل توليه منصبه رسميا في 14 سبتمبر. وتسبب الاستفزاز الذي لا يحصى في بدء إسرائيل في الاستيلاء على الأحياء الغربية من بيروت، وطرد الفلسطينيين/السوريين من هناك.

وهنا هي اللحظة المحورية؛ دخل الكتائب ـ وليس الإسرائيليين كما يقال ـ مخيمي اللاجئين في صبرا وشاتيلا بحثا عن الإرهابيين (حيث كان تساهال يشرف فقط) وبين 16 و 18 سبتمبر قتلوا أيضا مدنيين (في نطاق افتراضي بين 450 إلى 3500). هل كان عملا مؤسفا؟ نعم بالتأكيد، ولكن ـ كما رأينا ـ لم يرتكبها الإسرائيليون. بسبب وازع أخلاقي بحت،

وأيضا بسبب خطأ في الاتصال ، استقالت حكومة بيغن في فبراير 1983 في نهاية مهمة لجنة كاهان للتحقيق ومقرها القدس.

الحقيقة هي أنه في 17 مايو 1983 ، بدأت إسرائيل في الانسحاب من جنوب البلاد ، تاركة فقط حاجزا دفاعيا ؛ في عام 1985 سيتم تقليص هذه المنطقة الأمنية بشكل أكبر حتى 24 مايو 2000 ، عندما تسحب إسرائيل وحدتها العسكرية بأكملها بعد 22 عاما. قرار غبي واستغل حزب الله، على الحدود الدولية، ذلك لمهاجمة قرى في شمال إسرائيل والاستفزاز مرة أخرى.

إن اختيار حسن النية من جانب إسرائيل سيأتي بنتائج عكسية مرة أخرى.

لبنان 2006: الخسارة المتجددة

ومرة أخرى، ستنشأ قضية لبنان دائما دون أي خطأ من جانب إسرائيل. وبفضل التبرعات السورية والإيرانية، تعزز حزب الله، "حزب الله" في جنوب لبنان، مع مرور الوقت تماما كما انسحبت إسرائيل امتثالا للقرار رقم 425. وهكذا، جمع حزب الله آلاف الأطنان من الأسلحة في المناطق المدنية، في المخابئ والقواعد المحصنة؛ وبالتالي سهل غارات إرهابية لا نهاية لها على حدود شمال إسرائيل للقتل والاختطاف، من أكتوبر 2000 حتى عام 2006، ليس فقط الجنود الإسرائيليين، ولكن أيضا المدنيين. وردت إسرائيل بشن هجمات على أهداف عسكرية لحزب الله. هذا الأخير ، لاستفزاز متزايد ، بدأ أيضا في إطلاق الصواريخ باستمرار التي وصلت حتى إلى حيفا.

في ذلك الوقت اضطرت الأحداث رئيس الوزراء إيهود أولمرت إلى إطلاق ما يسمى بعملية "تغيير الاتجاه" في 22 يوليو. في 14 أغسطس ، بعد 34 يوما من الحرب ، تم تحديد وقف إطلاق النار الذي تدعمه الأمم المتحدة والانتهاء منه مع أعمال الحرب الأخيرة في 8 سبتمبر 2006.

إن قرار الأمم المتحدة رقم 1701 الصادر في 11 آب/أغسطس 2006 سيطلب من الدولة اللبنانية تأمين حدودها وبالتالي منع أي شخص من إدخال أسلحة سرية من الخارج. وتحقيقا لهذه الغاية، أنشأ الأمين العام للأمم المتحدة بان كي مون في مايو/أيار 2007 الفريق المستقل لتقييم الحدود اللبنانية ، وهو هيئة لتقييم تنفيذ القرار. وغني عن القول إن اللجنة ستتحقق من أن لبنان لم يكن سوى أمة من الزبدة، تم اختراقها من كل مكان للسماح بدخول الصواريخ والإرهابيين من جميع الأنواع، أيضا بسبب الفساد المستشري في شرطة الحدود على طول الحدود السورية اللبنانية. في الأساس ، كانت إسرائيل ، مرة أخرى ، تحت تهديد وشيك بسبب خطأ نظيرتها، بسبب كمية هائلة من الأسلحة (خاصة الصواريخ القادرة على الوصول إلى تل أبيب وجنوب إسرائيل) المهربة من سوريا وإيران.

هل لا يزال هناك شخص لديه الشجاعة للتجرؤ وإلقاء اللوم على إسرائيل في الانتهاكات المزعومة لقرارات الأمم المتحدة؟!؟

الفصل 2 ـ اللاجئون الفلسطينيون بسبب... الشعور بالذنب العربي

الدليل القاطع على "هجرة" اللاجئين

ومن الجدير بالدردشة في الحانة أو النقاش بين المدن أو المحادثة على جانب المسبح هو الصرامة القائلة بأن مشكلة اللاجئين الفلسطينيين المشهورين هي خطأ إسرائيل. دعونا نتجاهل حقيقة أنه لا يكاد أحد يتحدث عن اليهود ، ولكن هؤلاء موجودون أيضا ...

بعد تقسيم الأمم المتحدة عام 1947 كان هناك 700,000 لاجئ يهودي (يقدر البعض ما يقرب من 900,000). فر 265,000 يهودي من المغرب (اليوم هم 2,150) وتونس 105,000 (اليوم 1,050) واليمن وعدن 63,000 (اليوم أقل من 50). دعونا نضيف بيانات أخرى لتقريب الحصيلة: في عام 1948 في ليبيا كان هناك 38000 يهودي ، اليوم لا شيء. في العراق 135,000، اليوم 1، في الجزائر 140,000، اليوم حوالي 50؛ في مصر 75000 ، اليوم حوالي 100 ؛ في لبنان كان هناك 5000، اليوم أقل من 100، في سوريا كان هناك 30000، والآن هناك 100.

باختصار، من بين 851,000 يهودي، لم يتبق الآن سوى 3,330 في الدول العربية!

كان المخرج الوحيد للاجئين اليهود، المنسيين، هو فقط تلك المعجزة الأصيلة التي كانت إسرائيل مهندسها الذي أقام بجدارة، حتى نهاية عام 1950، ما يسمى معبروت، أو "مخيمات العبور"، 125 مبنى استقبال على شكل خيام. منذ عام 1955 ، تم العثور على الإقامة والتكامل للجميع ، إما في المدن الموجودة بالفعل أو في المدن التي تأسست حديثا. على سبيل المثال لا الحصر، تحولت مخيمات مثل كريات شمونة وسديروت وبيت شيعان ويوكنعام وأور يهودا ونهاريا ومجدال هعيمق إلى مناطق حضرية حقيقية. في نهاية المطاف، بين عامي 1948 و 1972، من بين 820،000 لاجئ يهودي، وجد 586،000 ملجأ في إسرائيل. لم يساعدهم العرب فحسب ، بل صادروا ممتلكاتهم.

ولكن كم كان عدد اللاجئين العرب؟ ويبلغ متوسط العدد المقبول حوالي 700,000 (بالنسبة للإسرائيليين كان من الممكن أن يكون أكثر بقليل من 500,000، بينما بالنسبة للفلسطينيين سيصل إلى مليون). استقروا بشكل رئيسي في الضفة الغربية وقطاع غزة، وكذلك في شرق الأردن وسوريا ولبنان؛ وعدد قليل من الآخرين في مصر والعراق ودول عربية أخرى.

ومع ذلك، فإن الكذبة المتطرفة المعادية لإسرائيل التي تستحق جائزة غولدن غلوب في القرن هي الكذبة التي بموجبها كانت المسؤولية عن هذا الملجأ قبل الحرب وأثناءها وبعدها تقع على عاتق الإسرائيليين.

دعنا نذهب إلى فضح المعتاد.

في نهاية يناير 1948 ، أمرت اللجنة العربية العليا AHC ، أو "الحكومة" الفعلية للعرب الفلسطينيين ، الدول المجاورة برفض منح تأشيرات للاجئين وإغلاق حدودها. وهكذا أمرت اللجنة القومية العربية في القدس النساء والأطفال والشيوخ بمغادرة منازلهم:

"أي معارضة لهذا الأمر ... عقبة أمام الحرب المقدسة ... وسيضر بعمليات المقاتلين في هذه المناطق".

استنكر أحد رؤساء اللجنة العليا في حيفا، الحاج نمر الخطيب، الجنود العرب في يافا

"سرق الناس والمنازل. كانت الحياة تساوي القليل جدا ، وتم تدنيس شرف المرأة. هذا الوضع أدى إلى العديد من [ندا العرب N.D.] السكان لمغادرة المدينة تحت حماية الدبابات البريطانية".

كتب القنصل العام الأمريكي في حيفا، أوبري ليبينكوت، في 22 أبريل 1948: "كان القادة العرب المحليون، الذين يهيمن عليهم المفتي يأمرون جميع العرب بمغادرة المدينة، وفعل الكثيرون ذلك". وكان على مجلة الإيكونوميست ، وهي جهاز معروف في كثير من الأحيان مناهض للصهيونية، أن تعترف في 2 أكتوبر 1948: "من بين 62000 عربي عاشوا في حيفا ، لم يتبق أكثر من 5000 أو 6000 ... كان العامل الأقوى هو الإعلان الإذاعي من قبل اللجنة العربية العليا، الذي أمر العرب بالمغادرة ... ومن الواضح أن العرب الذين بقوا في حيفا، وقبلوا الحماية اليهودية، سيعاملون على أنهم مرتدون". أرخت صحيفة أخبار اليوم المصرية في 12 أكتوبر 1963 الأحداث التي وقعت آنذاك: "جاء 15 مايو 1948 ...وفي اليوم نفسه، ناشد مفتي القدس عرب فلسطين أن يغادروا البلاد، لأن الجيوش العربية كانت على وشك الدخول مكانها...".

كما ألقى خالد العظم، رئيس الوزراء السوري في الفترة 1948-1949، باللوم دائما على القادة العرب في مذكراته:

"... نحن من شجعناهم على المغادرة".

اعترف إميل غوري ، أمين سر اللجنة العربية الفلسطينية العليا ، في مقابلة مع بيروت تلغراف في 6 سبتمبر 1948:

"إن وجود هؤلاء اللاجئين هو نتيجة مباشرة لعمل الدول العربية ضد التقسيم وضد الدولة اليهودية. الدول العربية أجمعت على هذه السياسة والآن عليها أن تشارك في حل المشكلة".

وإذا كانت لا تزال هناك شكوك ، فقد نددت صحيفة فلسطين الأردنية في 19 فبراير 1949 : "الدول العربية التي شجعت العرب الفلسطينيين على مغادرة منازلهم مؤقتا ليكونوا خارج نطاق الجيوش العربية الغازية لم تف بوعدها بمساعدة هؤلاء اللاجئين".

يضيف تقرير المخابرات البريطانية مقال:

"بعد أن سيطر اليهود على المدينة ، لم يكن الكثيرون ليمتثلوا للدعوة إلى الإخلاء الكامل لولا الشائعات والدعاية التي نشرها أعضاء اللجنة الوطنية المتبقون في المدينة ... عمل دعائي فعال ، مع تهديده الضمني بالانتقام عندما استعاد العرب المدينة. جادل بأن أولئك الذين بقوا في حيفا اعترفوا ضمنيا بإيمانهم بمبدأ الدولة اليهودية".

نقرأ في الشعب بيافا في 30 كانون الثاني 1948: "تتكون المجموعة الأولى من طابورنا الخامس من أولئك الذين يتركون منازلهم ... عند أول علامة على وجود مشكلة ، يقفون في أعقابهم ويهربون لتقسيم جبهة القتال". أكدت صحيفة يافا ، الصرح بتاريخ 30 مارس 1948: "... إنهم يجلبون العار علينا جميعا ... هجر قراهم".أعادت مجلة تايم في 3 مايو 1948 إطلاقها: "الإجلاء الجماعي ، الناجم جزئيا عن الخوف ، جزئيا بأوامر من القادة العرب ، حول الحي العربي في حيفا إلى مدينة أشباح ... من خلال سلب العمال العرب كان قادتهم يأملون في شل حيفا".

وعبرت إذاعة الشرق الأدنى في قبرص في 3 نيسان/أبريل 1948 عن ذلك قائلة: "لا ينبغي أن ننسى أن القيادة العربية العليا شجعت العرب على الفرار من ديارهم في يافا وحيفا والقدس، وأن بعض القادة العرب حاولوا الاستفادة سياسيا من محنة اللاجئين البائسة". علاوة على ذلك، أبلغ السير جون تروتبك من مكتب الشرق الأوسط البريطاني في القاهرة رؤسائه أن اللاجئين (في غزة) لم يظهروا مرارة ضد اليهود، بل كانوا يضمرون كراهية شديدة تجاه المصريين:

"يقولون: نحن نعرف من هم أعداؤنا (في إشارة إلى المصريين)"، ويزعمون أن إخوانهم العرب أقنعوهم بمغادرة منازلهم دون سبب... سمعت أيضا أن العديد من اللاجئين سيرحبون بالإسرائيليين إذا دخلوا للاستيلاء على المنطقة ...".

لكن الأمر لا ينتهي هنا. دعونا أيضا نلقي نظرة على الهدى ، صحيفة نيويورك اللبنانية في 8 يونيو 1951:

"... وكانت النصيحة الأخوية التي أعطيت لعرب فلسطين هي ترك أراضيهم ومنازلهم وممتلكاتهم للبقاء مؤقتا على حدود الدول الشقيقة، مفسحين المجال لتدفق الجيوش العربية الغازية".

وكانت أسبوعية "كول شاي" الإسلامية في بيروت أكثر قسوة:

"من الذي جلب الفلسطينيين إلى لبنان كلاجئين، ويعانون الآن من الموقف المؤذي للصحف المحلية والقادة الذين يفتقرون إلى الشرف والضمير؟ من الذي أدخلهم مباشرة في قبضة رهيبة ومفلسين ، بعد أن جعلهم يفقدون شرفهم؟ كانت الدول العربية...".

وعلاوة على ذلك، كان رئيس الوزراء العراقي نوري سعيد هو الذي ألمح علنا إلى ما يلي:

"سوف ندمر البلاد بأسلحتنا وسنسمح كل مكان يبحث فيه اليهود عن مأوى. يجب على العرب أن يقودوا زوجاتهم وأطفالهم إلى مناطق آمنة حتى ينتهي القتال".

ثم لدينا تأكيدات أخرى في صحيفة الأردن في 9 أبريل 1953:

"الهجرة العربية... لم يكن سببها المعركة الفعلية ، ولكن بسبب انتشار شائعات مبالغ فيها من قبل القادة العرب تحرضهم على القتال ضد اليهود ... لقد غرسوا الخوف والرعب في قلوب العرب في فلسطين ، حتى سلموا منازلهم وممتلكاتهم للعدو ".

وقد لخص إدوارد عطية، سكرتير مكتب جامعة الدول العربية في لندن، في كتابه "العرب":

"ويعزى النزوح الجماعي جزئيا إلى اعتقاد العرب، الذي شجعته أبهة الصحافة غير الواقعية والتعبيرات غير المسؤولة لبعض القادة العرب، بأن الأمر قد يستغرق أسابيع فقط قبل أن يهزم اليهود على يد جيوش الدول العربية، ويتمكن العرب الفلسطينيون من العودة واستعادة بلادهم".

في مجلة نيوزويك في 20 يناير 1963 تم التأكيد عليه للمرة الألف: "يجادل الإسرائيليون بأن الدول العربية شجعت الفلسطينيين على الفرار. وبالفعل، يتذكر العرب الذين ما زالوا يعيشون في إسرائيل أنهم طلبوا منهم إخلاء حيفا من قبل القادة العسكريين العرب الذين أرادوا قصف المدينة".

أخبار اليوم، جريدة القاهرة، في 12 أكتوبر 1963 سوف تحدد:

"جاء 15 مايو 1948 ... في ذلك اليوم دعا مفتي القدس عرب فلسطين إلى مغادرة البلاد، لأن الجيوش العربية كانت على وشك الدخول والقتال مكانهم".

في سرد أسباب الفشل العربي في عام 1948 ، سيلاحظ خالد العظم ، رئيس وزراء سوريا بعد حرب 1948 ، في دراسته المنشورة في عام 1973 ، ما يلي:

"... منذ عام 1948، كنا نحن الذين طالبنا بعودة اللاجئين، لكننا نحن الذين أجبرناهم على المغادرة. لقد جلبنا الكوارث لمليون لاجئ عربي من خلال دعوتهم والضغط عليهم للمغادرة. لقد اعتدناهم على التسول ... لقد شاركنا في خفض مستواهم الأخلاقي والاجتماعي ... ودائما ما كنا نستغلهم في ارتكاب الجرائم والقتل والحرق وإلقاء الحجارة على الرجال والنساء والأطفال ... كل هذا في خدمة أغراض سياسية ...".

حتى محمود عباس ـ هو نفسه ـ كتب مقالا في آذار/مارس 1976 لصحيفة "فلسطين الثورة"، اليوميات الرسمية لمنظمة التحرير الفلسطينية في بيروت:

"دخلت الجيوش العربية فلسطين لحماية الفلسطينيين من الطغيان الصهيوني، بل هجرتهم، وأجبرتهم على الهجرة وترك وطنهم، وفرضت عليهم عبئا سياسيا وأيديولوجيا، وألقت بهم في سجون تشبه الغيتو يعيش فيها اليهود في أوروبا الشرقية".

واسمع ما كشفه الملك حسين ملك الأردن مؤخرا في عام 1996:

منذ عام 1948، تعامل القادة العرب مع المشكلة الفلسطينية بطريقة غير مسؤولة. لقد استخدموا الشعب الفلسطيني لأغراض سياسية. هذا أمر سخيف ، يمكنني حتى أن أقول إجرامي ...".

ولكن هل صحيح على الأقل أن اليهود حثوا العرب بقوة على الرحيل؟ على العكس! هذه العبارات المأخوذة من مذكرة اللجنة الوطنية العربية في حيفا إلى حكومات جامعة الدول العربية لعام 1950 هي دلالة:

"... وأعربت السلطات العسكرية والمدنية (الإسرائيلية) عن أسفها العميق لهذا القرار الخطير (الذي اتخذه المندوبون العسكريون العرب في حيفا وسلسلة القيادة في اللجنة العربية الفلسطينية العليا بإخلاء حيفا على الرغم من العرض الإسرائيلي للهدنة). ووجه رئيس بلدية حيفا اليهودي نداء حارا إلى الوفد (من القادة العسكريين العرب) لإعادة النظر في قرارهم".

ومرة أخرى ، من تقرير الشرطة البريطانية لمنطقة حيفا في 26 أبريل 1948 ، نستنتج ما يلي:

"يبذل اليهود كل جهد ممكن لإقناع الشعب العربي بالبقاء ومواصلة حياته الطبيعية ، وإبقاء متاجرهم وأعمالهم مفتوحة ، على يقين من أن حياتهم ومصالحهم ستبقى آمنة".

والدليل على ذلك هو حقيقة أن دافيد بن غوريون أرسل غولدا مائير إلى حيفا لإقناعهم بالبقاء ، لكنهم لم يرغبوا في القيام بذلك حتى لا يتم اتهامهم ، كما تم تهديدهم ، بأنهم خونة. على أي حال، فر العرب، باستثناء 5000 أو 6000، من حيفا.

لماذا لا يخبرك محترفو "فلسطين" أو "اللاجئين" بما سبق؟

المؤرخ الإسرائيلي بيني موريس ـ الذي يمكن أن نقول بتعبير ملطف أنه "ليس رقيقا أبدا" مع إسرائيل ـ اعترف في صحيفة الغارديان في 21 فبراير 2002: "[اللاجئ N.D.A.] كانت المشكلة نتيجة مباشرة للحرب التي قام بها الفلسطينيون ـ و ... الدول العربية المجاورة ـ بدأت".

ولكن إلى أين هربوا؟ ومن بين حوالي 700,000 لاجئ، فر حوالي 350,000 إلى الأردن، و200,000 إلى قطاع غزة، و100,000 إلى لبنان، وأكثر من 60,000 إلى سوريا. وقد وجد نصفهم تقريبا مساكن في المدن والقرى، بينما وجد الباقون في مخيمات اللاجئين المزرية. في طبريا وحيفا ، أصدرت الهاغاناه أوامر بعدم المساس بأي من ممتلكات العرب ، تحت طائلة العقوبات الشديدة جدا.

في وقت لاحق ، أنشأ مرسوم مديرا للعقارات المهجورة "لمنع الاحتلال غير القانوني للمنازل الشاغرة والمباني التجارية ، وإدارة العقارات التي لا مالك لها ، وضمان زراعة الحقول المهجورة ، وإنقاذ المحاصيل".

بالإضافة إلى ذلك، سمحت إسرائيل ـ على الفور تقريبا ـ للاجئين الذين أرادوا العودة والإفراج عن الحسابات المجمدة في البنوك الإسرائيلية، وكذلك الحصول على تعويض عن الأراضي المهجورة. وليكن معروفا أيضا أنها مستعدة لإعادة 100000 لاجئ إلى وطنهم، بمن فيهم أولئك الذين فعلوا ذلك بالفعل أو كانوا يفعلون ذلك، إذا رحبت الدول العربية بالآخرين ووقعت اتفاقيات سلام. وبدلا من ذلك، كانت إسرائيل على استعداد لتولي إدارة قطاع غزة، إلى جانب سكانه البالغ عددهم 60,000 نسمة، بالإضافة إلى 200,000 لاجئ آخر. وغني عن القول إن العرب رفضوا أي حل وسط، ولكن مع إظهار حسن نيتها مرة أخرى، قامت إسرائيل مع ذلك بتحرير الحسابات المصرفية المجمدة للاجئين العرب (نحن نتحدث عن أكثر من 10 ملايين دولار)، وقدمت التعويضات نقدا أو بنصف ألف هكتار من الأراضي.

فليكن مفهوما أن حوالي 160,000 عربي اختاروا، على الرغم من التهديدات والأوامر العربية، البقاء في إسرائيل ولم يمسهم أحد بأي شكل من الأشكال.

تبنت الأمم المتحدة القرار 194 المؤرخ 11 ديسمبر 1948 الذي طلب من كلا الجانبين حل جميع المشاكل المفتوحة بأنفسهم ، أو القيام بذلك بمساعدة لجنة التوفيق المنشأة خصيصا بشأن فلسطين. ومن المفيد أن نوضح، مرة واحدة وإلى الأبد، أن قرارات الجمعية العامة ليست ملزمة قانونا لأحد.

ولكن ماذا تقول المادة 11؟

" ... وينبغي السماح للاجئين الراغبين في العودة إلى ديارهم والعيش في سلام مع جيرانهم بأن يفعلوا ذلك في أقرب وقت ممكن عمليا، وينبغي دفع تعويضات عن ممتلكات أولئك الذين يختارون عدم العودة وعن الخسائر أو الأضرار التي لحقت بالممتلكات والتي ينبغي أن تعوضها الحكومات أو السلطات المختصة وفقا لمبادئ القانون الدولي أو الإنصاف".

وكان من شأن لجنة التوفيق أن تضطلع بمهمة رصد وتيسير كل ذلك. وكما هو واضح مما قرأناه، لم يكن على إسرائيل حتى أي التزام بإعادة اللاجئين الذين لم يأتوا بنوايا سلمية، وفي الواقع، فإن استخدام كلمة "يجب" الشرطية بدلا من "يجب" ليس من قبيل المصادفة، ونكرر أنه لم يكن واجبا بل دعوة ("ينبغي"). وبالتالي فإن تفسير العرب وأذنابهم (وسائل الإعلام وكبار الشخصيات والسياسيين)، الذي أصبح للأسف تراثا مشتركا، هو تفسير خاطئ.

دعونا نسمع ما قاله الرئيس المصري حسني مبارك عن ذلك:

"إن المطلب الفلسطيني بـ "حق العودة" غير واقعي تماما وكان من الممكن حله بالتعويض النقدي وإعادة التوطين في الدول العربية".

لإعطاء فكرة أنه لو عاد كل فلسطيني إلى إسرائيل فإن هذا سيتجاوز 13 مليون مع أغلبية فلسطينية (75٪ مقابل 46٪). سخيف مجرد التفكير في الأمر. وتجدر الإشارة إلى أن الفلسطينيين، عند الحديث عن العودة، يشيرون إلى المنازل التي عاشوا فيها في عام 1948. نحن نمزح الآن. وكدليل على ذلك، إليكم ما اعترف به الرئيس المصري عبد الناصر في مقابلة أجريت معه في 1 سبتمبر 1961:

"إذا عاد اللاجئون إلى إسرائيل، فإن إسرائيل ستختفي من الوجود".

وزير الخارجية المصري، محمد صلاح الدين، شرح ما هي الأهداف الحقيقية:

"من المعروف بالطبع أن العرب، الذين يطلبون عودة اللاجئين إلى فلسطين، يعتزمون عودتهم كأسياد للوطن الأم، وليس كعبيد. وبصراحة، فإنهم يقصدون تصفية دولة إسرائيل".

هذا هو هدفهم الحقيقي.

ولكن من الذي يمكن اعتباره "لاجئا فلسطينيا"؟ أعطت الجمعية العامة للأمم المتحدة تفويضا للتعامل مع اللاجئين لإغاثة الأمم المتحدة في فلسطين ، قبل إنشاء وكالة الأمم المتحدة لإغاثة وتشغيل اللاجئين الفلسطينيين في الشرق الأدنى رسميا بموجب القرار 302 المؤرخ 8 ديسمبر 1949 (اختصار الأونروا).

حوالي 1/3 من الفلسطينيين المسجلين كلاجئين يعيشون الآن في مخيمات في الأردن ولبنان والضفة الغربية السورية وقطاع غزة؛ والثلثين الآخرين؟ وهم يعيشون بشكل رئيسي في المدن وعلى مشارفها في البلدان المضيفة، وكذلك في الضفة الغربية وقطاع غزة، وغالبا بالقرب من المخيمات الرسمية. وبينما حاولت إسرائيل إعطاء منازل للاجئين الفلسطينيين في قطاع غزة الذي يسيطرون عليه، عارض العرب ذلك لأنه من الضروري بالنسبة لهم أن تستمر الكراهية ضد إسرائيل من خلال انزعاج اللاجئين. وقبل كل شيء، من الضروري

أن يستمر تدفق الأموال: فقد تلقى الفلسطينيون مليارات الدولارات من المساعدات الدولية منذ عام 1993، ولكن من غير المعروف أين ذهبت.

أو بالأحرى نحن نعرف وسنرى ذلك ...

العنصرية العربية ضد اللاجئين الفلسطينيين

ولكن لماذا لم ترحب الدول العربية نفسها باللاجئين؟ بسيط؛ لأنهم، كما سنرى لاحقا، عنصريون تجاه الفلسطينيين. في عام 1950، أرادت الأمم المتحدة جلب 150,000 لاجئ من غزة إلى ليبيا، لكن مصر عارضت ذلك. من عام 1948 إلى عام 1967، امتلكت مصر غزة والأردن امتلكت الضفة الغربية؛ لماذا لم تقدم هاتان الدولتان تلك الأرض للفلسطينيين لتضمن لهم دولتهم الخاصة؟ ومن المفارقات أن العرب أنفسهم يطالبون إسرائيل الآن ـ على النقيض من ذلك ـ بتسليم إسرائيل لهم! لماذا إذن لم يطالب سكان الضفة الغربية أبدا بدولتهم الخاصة عندما كانوا جزءا من الأردن ، ولم يفعل عرب غزة الشيء نفسه أثناء الاحتلال المصري ، لم يشرح أحد أبدا.

في عام 1952، تحدث الفريق ألكسندر غالاوي، مدير الأونروا في الأردن، بصراحة:

"الدول العربية لا تريد حل مشكلة اللاجئين. إنهم يريدون الإبقاء عليه كجرح مفتوح، وإهانة للأمم المتحدة وسلاح ضد إسرائيل. لا يهم القادة العرب ما إذا كان اللاجئون يعيشون أو يموتون".

واستمع إلى الزعيم الوطني الفلسطيني موسى العلمي وهو ينتقد النفاق العربي:

من المخزي أن تمنع الحكومات العربية اللاجئين العرب من العمل في بلدانهم، وتغلق الأبواب في وجوههم وتسجنهم في المخيمات".

تمكنت هذه الوكالة بطريقة سحرية، في عام 2016، من رفع عدد اللاجئين الفلسطينيين إلى 5 ملايين و200,000. رقم باهظ بالنظر إلى ما رأيناه من قبل. كيف يمكن أن يحدث هذا؟ حسنا، لنفترض أنه، وفقا للأمم المتحدة، يكفي أن يعيش عربي في فلسطين لمدة عامين، حتى عام 1948، ليصبح لاجئا. الشيء السخيف هو أن هذا يشمل أحفاد اللاجئين ، الذين لم يتم ذكرهم حتى في القرار ...

يوم الجمعة 15 مايو هو بالنسبة للعرب "يوم النكبة" و "كارثة" تأسيس إسرائيل ، لكن الدول العربية يمكن أن ترفض اللاجئين ولا أحد يشكو ، يمكنها أن تلحق أسوأ الأشياء بالفلسطينيين منذ عام 1948 ولا أحد يتحدث عن ذلك.

لا يسمح للأخيرين بأن يصبحوا مواطنين في الدول العربية؛ إنه قرار جامعة الدول العربية رقم 1547 لعام 1959 بعيد المنال، "من أجل الحفاظ على الكيان الفلسطيني والهوية الفلسطينية" (حكم قومي عرقي، إن لم يكن عنصريا).

في عام 1967، لم يصدر الأردن أي جنسية لسكان غزة الذين وصلوا بعد حرب الأيام الستة. في عام 1970، طرد وقتل حوالي 25000 فلسطيني في أحداث أيلول الأسود في عمان، وهدمت حقولهم بشكل مخز. وينظر الأردنيون إلى الفلسطينيين، الذين سحب السوريون جنسيتهم، على أنهم "تهديد ديموغرافي". وما هو العذر؟ إنهم يفعلون ذلك من أجل عدم السماح لإسرائيل بالفوز. اقرأ هذا، اقرأ هذا:

"لا نريد أن نكون أداة إسرائيلية لإيجاد سكن جديد للفلسطينيين الذين يصلون إلى الأردن، ومنحهم الجنسية"، أوضح وزير الداخلية الأردني السابق نايف القاضي. مضحك.

وصلت عنصرية القاضي إلى درجة أنه لم يرغب بشدة في سحب الجنسية للفلسطينيين فحسب، بل إنه يرفض حتى منح الجنسية لأطفال الأردنيات المتزوجات من فلسطينيين وغيرهم من المواطنين غير الأردنيين.

وبالمثل، طردت مصر جميع الفلسطينيين من المخيمات المصرية في غزة في عام 1949؛ والآن لم يتبق سوى عدد قليل جدا في جميع أنحاء البلاد. في عام 2013، اعتقل مئات اللاجئين الفلسطينيين من سوريا أثناء محاولتهم الدخول. تم إغلاق حدود رفح مع غزة، باستثناء السفر لأسباب طبية، مما أدى فعليا إلى سجن 1.7 مليون من سكان غزة. في فبراير 2015، حظر عبد الفتاح السيسي، بدعم من المحكمة العليا، حماس - مثل أي إسرائيلي - كمنظمة إرهابية.

حسنا، ربما يكون الوضع أفضل في لبنان. ليس حقًا... يعيش أكثر من 400,000 فلسطيني في 12 مخيما بشعا للاجئين. منذ عام 1962 لم يكونوا أكثر من "أجانب في الوطن" أو "أجانب غير معترف بجنسيتهم". قتل ما لا يقل عن 5000 فلسطيني بين عامي 1975 و 1978 خلال الحرب الأهلية، دون احتساب أولئك الذين لقوا حتفهم بين عامي 1985 و 1988 (آلاف آخرين). في عام 2007، أصبح أكثر من 30,000 فلسطيني بلا مأوى لأن الجيش اللبناني دمر مخيم نهر البارد. في عام 2015، تقرر أن الفلسطينيين يمكنهم البقاء في لبنان لمدة تسع ساعات فقط، ولا يزال يتعين عليهم الحصول على تأشيرة دخول لدولة ثالثة.

وأين كانت الأمم المتحدة عندما طردت الكويت، والعديد من دول الخليج، في أسبوع واحد حوالي 400 ألف فلسطيني كانوا قد دعموا الاحتلال العراقي في مارس 1991؟

علاوة على ذلك، لدى ليبيا سجل من العنصرية ضد الفلسطينيين يصعب مضاهاته. طرد القذافي أكثر من 30,000 فلسطيني في 1994-95 وصادر كل شيء. هل كانت الأمور أفضل

بعد وفاته؟ على العكس! وأخلي نحو 40,000 فلسطيني يعيشون في منطقة طرابلس قسرا من منازلهم المصادرة، ولم يعد يسمح لأي منهم بالدخول مرة أخرى. كان الدافع هو الإرهاب... من فضلكم، لماذا إذن عندما تقول إسرائيل ذلك لا يعتبر حجة؟!؟

وفي العراق؟ وفي عام 2005، بعد أن فقد صدام حسين السلطة، تعرض الفلسطينيون للاختطاف والقتل والتعذيب على أيدي الجماعات المسلحة. واضطر نحو 19 ألفا إلى الفرار، وبقوا في مخيمات صحراوية بين العراق وسوريا، حيث لم تكن أي دولة عربية تريدهم. ويبلغ عدد الفلسطينيين الذين يعيشون في العراق الآن 6,000 فلسطيني فقط. وقال ثامر مشينيش، زعيم رابطة فلسطيني العراق، إن الفلسطينيين يعانون من "انتهاكات غير مسبوقة" و"عدد متزايد من الهجمات". كما اتهم مشينيش وأبو الوليد السلطة الوطنية الفلسطينية باستخدام "خطاب فارغ" في هذا الشأن.

دعونا نكمل. في قطر منذ عام 1994 لا يتم إصدار تأشيرات عمل للفلسطينيين.

في سوريا لا يمكن للفلسطينيين التصويت والتصويت لهم منذ 70s؛ في 2005-2008 لم يسمح هذا البلد حتى لآلاف اللاجئين العرب الفلسطينيين، الفارين من العراق، بدخول البلاد. منذ عام 2012، قتل ما يقرب من 3000 فلسطيني في الحرب الأهلية. في وقت لاحق عانوا من الجوع وأهوال الصراع مثل اللاجئين في مخيم اليرموك. وماذا فعلت منظمة التحرير الفلسطينية لحمايتهم؟ وفي نيسان/أبريل 2015، أعلنت ــ بنفاق ــ أنها لا تريد الاهتمام بمخيم اليرموك الفلسطيني، على مشارف دمشق (ما يصل إلى 180,000 لاجئ فلسطيني). إنهم يعيشون مثل الطفيليات في غيتو ولا يمكنهم التمتع إلا بإعانات الأمم المتحدة والتحويلات المالية من الأقارب. وصف عبد الناصر هذا المعسكر بأنه "قنبلة ذرية عربية".

أتحداك: جدني فلسطينيا يحمل جواز سفر، حتى لو كان مصريا أو مغربيا. هل تريد شخصية نهائية مثيرة؟

في الشرق الأوسط منذ عام 1948 ، كان أكثر من 90% من 11 مليون عربي قتلوا على أيدي المسلمين. 0.3% فقط قتلوا على يد إسرائيل في 66 عاما من الصراع!

نختتم بفضول: أنت تعرف الكوفية ، أليس كذلك؟ رمز يستخدم في جميع أنحاء العالم لإظهار التضامن مع الشعب الفلسطيني. نعم، هناك الأبيض والأسود الذي ارتبط بمنظمة التحرير الفلسطينية والفتح في 60s. وعلى العكس من ذلك، يرتبط الأحمر والأبيض الأقل شهرة بالحركات الماركسية (الزائفة) مثل الجبهة الشعبية لتحرير فلسطين. حسنا ، اليوم فقط مصنع قديم في الخليل لا يزال ينسج الكوفية ، والباقي الذي يباع في الأسواق كلها مصنوعة في الصين. حماس ـ التي تحكم غزة ـ لا تحب الكوفية. وهكذا حدث أن قامت قوات الأمن التابعة لحماس في غزة بضرب الطلاب وموظفي الجامعات الذين كانوا يرتدونه في جامعة

الأزهر. وندد مركز الميزان لحقوق الإنسان بالحظر الذي فرضته شرطة حماس على الكوفية والهجوم على الجامعة وضرب الطلاب.

و هذا سيكون السكان "الفلسطينيون" (الموحدون)؟

الأراضي (غير المحتلة)

التكرار الأكثر تكرارا هو أن إسرائيل كانت "ستحتل" الأراضي الشهيرة.

دعونا نعطي الكلمة للفنيين: أوضح أستاذ القانون الدولي ستيفن شويبل، الرئيس السابق لمحكمة العدل الدولية، أن البلد الذي يتصرف دفاعا عن النفس يمكنه مصادرة واحتلال إقليم ما، إذا لزم الأمر ، لحماية نفسه وبالتالي مواطنيه. ويترتب على ذلك أنه يمكن أن يطلب ، مقابل انسحابه الكامل ، التدابير الأمنية التي تحميه على أفضل وجه. في الواقع ، هذا ما تنص عليه المادة 49 من اتفاقية جنيف الرابعة حول هذه المسألة: الفقرة الأولى تحظر

"عمليات النقل القسري الفردي أو الجماعي، وكذلك ترحيل الأشخاص المحميين، إلى خارج الأراضي المحتلة وإلى أراضي دولة الاحتلال أو أراضي أي دولة أخرى، محتلة أو غير محتلة ...

حسنا، لم يتم نقل أي مواطن عربي شرق الخط الأخضر إلى إسرائيل أو أي جهة أخرى، في حين أن القانون، على العكس من ذلك، انتهك بشكل صارخ عندما طرد الأردنيون يهود يهودا والسامرة في عام 1949.

وتستمر الفقرة التالية:

"غير أنه يجوز لسلطة الاحتلال أن تشرع في الجلاء الكامل أو الجزئي عن منطقة محتلة محددة، إذا اقتضى ذلك أمن السكان أو لأسباب عسكرية قاهرة. ولا يجوز أن تؤدي عمليات الإخلاء إلى تنقل الأشخاص المحميين إلا داخل الأراضي المحتلة، إلا في حالات الاستحالة المادية. وسيعاد السكان الذين تم إجلاؤهم على هذا النحو إلى ديارهم بمجرد توقف الأعمال العدائية في القطاع".

و هذا بالضبط ما فعلته إسرائيل بسياجها الأمني في الضفة الغربية بعد الانتفاضة الثانية، مما أدى إلى تشريد الناس لإقامة هذا البناء. وتخلص الفقرة الأخيرة إلى ما يلي:

"لا يجوز لدولة الاحتلال أن ترحل أو تنقل أي جزء من سكانها المدنيين إلى الأراضي التي تحتلها".

وأرجو أن تخبروني، متى كان اليهود سيجبرون على الذهاب إلى الضفة الغربية وقطاع غزة؟ لقد ذهبوا إلى هناك لأنها كانت أراضي ماضيهم ، أو أراضي أسلافهم ، التي طردوا منها في عام 1949.

ولكن ربما على الأقل سيثبت أصل مصطلح "الاحتلال" أن إسرائيل على خطأ؟ لا شيء من هذا القبيل! في الواقع، متى تم الاستحواذ على هذه الأراضي، أو السيطرة عليها بشكل قانوني، من قبل الأردن أو مصر؟ الضفة الغربية وغزة، بعد الإمبراطورية العثمانية، لم يكن لديهما أبدا، كما هو واضح، حكومة شرعية؛ ولا حتى الحديث عن "الفلسطينيين" لأنهم لم يمتلكوهم بشكل غير قانوني. على العكس من ذلك ، في يهودا والسامرة كان هناك يهود أولا منذ زمن سحيق. كيف يمكن القول إنهم محتلون أو "مستوطنون" للأراضي المتنازع عليها؟ لذلك من غير المنطقي حتى تغيير اسم يهودا والسامرة إلى الضفة الغربية (لأنها تقع على الضفة الغربية لنهر الأردن) لتغيير القصة. وكانت آخر دولة أصلية ذات سيادة في تلك المنطقة، قبل إسرائيل، هي يهودا اليهودية. وخمن من يؤكد كل شيء بهذه الجملة؟ يرجى قراءة:

"غزة خالية من الاحتلال، والتواصل مع العالم الخارجي أسهل للزوار من جميع أنحاء العالم في القطاع".

إنه بالضبط وزير خارجية حماس الشهير ، محمود الزهار ، الذي يتحدث. وعلاوة على ذلك، فإن قرار التقسيم الذي اتخذته الأمم المتحدة في عام 1947 لم يطلق عليه بالتأكيد اسم الضفة الغربية، ولكنه تحدث على وجه التحديد عن "المنطقة الجبلية في السامرة ويهودا". بدا من السخف أن يسميها العرب باسمها الحقيقي، أليس كذلك؟

لا يتغير التلميح إذا قمنا بعد ذلك بتحليل لوائح لاهاي (على وجه التحديد المادة 55):

"لا تعتبر دولة الاحتلال نفسها إلا مديرة المباني العامة والعقارات والغابات والمؤسسات الزراعية التابعة للدولة المعادية والموجودة في البلد المحتل والمنتفعة بها. وعليها أن تحافظ على الملكية الفعلية لهذه الممتلكات وأن تديرها وفقا للقواعد المتعلقة بحق الانتفاع".

ما هي هذه القواعد التي يجب تطبيقها؟ قد يجادل البعض بأننا نشير إلى قوانين الانتداب البريطاني؛ حسنا، المادة 6 من الانتداب البريطاني لعام 1922 تسمح للإسرائيليين اليوم بالاستيطان أينما يريدون، داخل الأراضي المذكورة في نفس الانتداب (وبالتالي أيضا غزة وإسرائيل وما يسمى بالضفة الغربية). وإذا طبقنا قوانين المحتل الأردني بدلا من ذلك، فإن المشكلة ستنشأ بشكل أقل.

ولكن دعونا نفترض بشكل سخيف أن إسرائيل هي القوة المحتلة في غزة. وفيما يلي ما تنص عليه المادة 43 من اتفاقية لاهاي الرابعة المتعلقة بقوانين وأعراف الحرب البرية المؤرخة 18 تشرين الأول/أكتوبر 1907:

"عندما تنتقل السلطة وممارسة السلطة إلى يد المحتل، يجب على هذا الأخير أن يتخذ جميع التدابير لاستعادة وضمان النظام والأمن العامين قدر الإمكان، مع احترام القوانين السارية في الدولة المحتلة ـ ما لم يمنع ذلك ـ".

وبشكل أساسي، يجيز القانون المذكور كلا من التوغل الإسرائيلي في غزة واستعادة وحماية النظام العام والأمن. علاوة على ذلك، من يستطيع أن يعترض على إزالة حماس، التي لا تتمتع بشرعية في تلك الأراضي، ولا يمكنها ـ بموجب اتفاقات أوسلو ـ تكديس الأسلحة والذخيرة، ناهيك عن مهاجمة أي شخص؟

من بين أمور أخرى، ضع في اعتبارك أن الغالبية العظمى من المستوطنات بنيت في مناطق غير مأهولة، وعندما تم ذلك في المدن العربية، لم يتم طرد أي فلسطيني من منزله بأي حال من الأحوال. فليكن واضحا: نحن نتحدث ، على أي حال ، عن "احتلال" أقل بكثير من 2٪ من جميع الأراضي المتنازع عليها.

في مقابلة نشرتها صحيفة هآرتس، اعترف المفاوض الفلسطيني إركات، اليد اليمنى للرئيس الفلسطيني محمود عباس للسياسة الدولية، بأن نسبة الضفة الغربية التي تحتلها المستوطنات هي 1.1 في المائة فقط!

ومن المهم أيضا الإشارة إلى أن حوالي 70.80٪ من المستوطنين استقروا في ضواحي المدن الإسرائيلية الكبرى، مثل القدس وتل أبيب، لغرض وحيد هو ضمان أمن إسرائيل، وبالتالي تحقيق أغلبية يهودية في المناطق الريفية من الاشتباكات الشرسة مثل الضفة الغربية وممر تل أبيب ـ القدس.

ولكن هل صحيح على الأقل أنه وفقا لقرار الأمم المتحدة رقم 242 ستكون القدس الشرقية "أرضا محتلة"؟ وقد أوضح أحد واضعي هذا القرار، سفير الولايات المتحدة لدى الأمم المتحدة آرثر غولدبرغ، في هذا الصدد:

"القرار 242 لا يشير إلى القدس بأي شكل من الأشكال والإغفال مقصود عمدا ... كانت القدس قضية مهمة، منفصلة عن الضفة الغربية".

ولذلك، فإن القرار يبلور حقيقة أن الاستيلاء على الأراضي عن طريق الحرب غير مقبول، أي عندما يبدأ، ومن الواضح تماما أن القصد هو منع أولئك الذين يهاجمون من القدرة على الاحتفاظ بالأراضي المحتلة. بحجة عكس ذلك ، ما الذي ستخسره أمة إذا هاجمت دولة أخرى ، كما فعل العرب دائما، إذا لم تخاطر على الأقل بفقدان (جزء) من أراضيها؟

ثم يدعو القرار إلى "انسحاب القوات المسلحة الإسرائيلية من الأراضي التي احتلتها في الصراع الأخير": ولكن هنا بيت القصيد. ولم ينص مجلس الأمن في أي مكان على أنه يتعين على إسرائيل أن تنسحب من "جميع" الأراضي التي احتلتها خلال حرب الأيام الستة، ولكن ببساطة "من الأراضي المحتلة". حقيقة أنه لا توجد كلمة "كل" تظهر أن إسرائيل ليست مضطرة للانسحاب من جميع الأراضي. حتى المندوب السوفيتي كرر في ذلك الوقت أنه من خلال عدم إدراج كلمة "جميع"، كان من المفهوم أن جزءا من هذه الأراضي يمكن أن يظل في أيدي الإسرائيليين. ومع ذلك، لماذا أرادت الدول العربية هذا الإدراج، وأعلنت أنه بالنسبة لها لا يزال يحمل معنى "الكل"، إذا لم يكن التفسير هو الذي وصف للتو؟

تجدر الإشارة إلى أن إسرائيل سحبت مع ذلك من 91٪ من الأراضي التي أعادت إلى مصر سيناء الشاسعة (حوالي 23000 ميل مربع ، أي أكثر من ضعف إسرائيل) ، لجعلها منطقة عازلة بين مصر وإسرائيل. وكل هذا مع الأخذ في الاعتبار دائما أن خط عام 1967 ـ نكرر ـ لم يكن أبدا حدودا حقيقية ومناسبة معترف بها دوليا.

لم يسبق لأي بلد ، على حد علمنا ، أن أعاد الأراضي التي تم الحصول عليها في الحرب. حالة فريدة من نوعها، إسرائيل.

لم تحل خطة الأمم المتحدة لتقسيم فلسطين لعام 1947 ـ كونها مجرد توصية ـ محل الانتداب البريطاني لأن اللجنة العربية الفلسطينية العليا ودول الجامعة العربية لم تعترف بها أبدا. والواقع أن المادة 80 من ميثاق الأمم المتحدة تعترف ضمنا ب "انتداب عصبة الأمم على فلسطين".

هناك أيضا "مظلة قانونية" لكل هذا. وأكدت محكمة العدل الدولية صحة المادة 80 المذكورة أعلاه في ثلاثة قرارات مختلفة: فتوى محكمة العدل الدولية المؤرخة 11 تموز/يوليه 1950، وفتوى محكمة العدل الدولية المؤرخة 21 حزيران/يونيه 1971، وكذلك فتوى 9 تموز/يوليه 2004.

ولكن هل غياب السلام هو خطأ إسرائيل؟ في عام 1937 قال العرب لا لتقرير لجنة بيل الذي تصور حل الدولتين لشعبين؛ في عام 1947، رفضوا خطة التقسيم التي وضعتها الأمم المتحدة؛ في عام 1993 وقعت إسرائيل على اتفاقيات أوسلو، ثم التزمت بها، وتنازلت عن السيطرة الإدارية على الضفة الغربية (المناطق أ أو ب) للسلطة الوطنية الفلسطينية.(منظمة التحرير الفلسطينية سابقا)؛ في عام 2010 أعلن رئيس الوزراء نتنياهو أنه منفتح على المفاوضات ـ دون إملاء شروط ـ من أجل أن يتمكن أخيرا من إقامة دولة فلسطينية، ولكن على الجانب الآخر تم اقتراح شروط غير مقبولة، واحدة تلو الأخرى.

عندها صرخ مفاوض السلام ، دينيس روس:

عرفات لا يريد إنهاء الصراع لأن ذلك سيعني أنه انتهى".

إنها الحقيقة الخالصة. سيكون لدى الفلسطينيين كل شيء يخسرونه، بدءا من قيادتهم، من الاستقلال في نهاية المطاف. أولا لأنه سيتعين عليهم العمل لإعالة أنفسهم وثانيا لأن المساعدات التي يقدمها المجتمع الدولي (11 مليار دولار في السنة!) ستختفي. هراء آخر لا يزال الكثيرون (الكثيرون) يؤمنون به للأسف هو أن المستوطنات تشكل عقبة أمام السلام.

هل هذا صحيح؟ في الفترة 1949-1967 لم يكن هناك يهود في الضفة الغربية، ومع ذلك لم يتم الحديث عن السلام أبدا. من عام 1967 إلى عام 1977 ، أرادت الحكومة اليسارية ترك عدد قليل من المستوطنات الاستراتيجية ، ولكن لم يتم التوصل إلى اتفاق حتى الآن. على العكس من ذلك ، في عام 1977 ، بعد أن قررت الحكومة اليمينية زيادة المستوطنات ـ إذا استثنينا الانسحاب من سيناء حيث تمت إزالتها فعليا ـ لم يكن لدى الرئيس المصري السادات مشكلة في توقيع السلام مع إسرائيل. بين يونيو 1992 ويونيو 1996، زادت المستوطنات بنحو 50٪ تحت الحكم اليساري، ومع ذلك وقع الفلسطينيون على اتفاقيات أوسلو في سبتمبر 1993 واتفاقية أوسلو 2 في سبتمبر 1995. وفي الوقت نفسه، في عام 1994، أنهى الأردن الأعمال العدائية مع إسرائيل ـ إلى الأبد ـ دون أن تكون المستوطنات، التي لا تزال قائمة، مشكلة. في عام 2000 أراد رئيس الوزراء إيهود باراك منح منظمة التحرير الفلسطينية السيادة الكاملة على حوالي 98٪ من الضفة الغربية، وممر إلى غزة وعاصمة في القطاع العربي من القدس، فضلا عن الاعتراف ب "عودة" أولية للاجئين. عرفات قال لا. في عام 2005، أراد رئيس الوزراء شارون أن يعطي مرة أخرى مثالا على حسن النية من خلال الأمر بالانسحاب من جانب واحد من غزة ـ علاوة على ذلك باستخدام عمل من أعمال القوة المشكوك فيه على الأقل ـ إرغام المستوطنين على مغادرة منازلهم في غزة؛ ومن الواضح أن هذا الطرد لم يكن قادرا على تحمل المستوطنين في غزة. من ناحية أخرى، لم يتمكن الفلسطينيون من فعل أي شيء سوى تفويض حماس لقصف جنوب إسرائيل بحوالي 10000 صاروخ. ونحن نعرف ماذا سيحدث إذا فكرت إسرائيل في الانسحاب الكامل، دون سلام، من الأراضي "المحتلة" في الضفة الغربية. في عام 2008، قدم رئيس الوزراء إيهود أولمرت اقتراحا مشابها تقريبا لاقتراح عام 2000، لكن الطرف الآخر رفض كالعادة.

باختصار، كانت الرفض العربي، الذي كان دائما (غير مدروس)، على التوالي في الأعوام 1937 و 1947 و 1967 و 2000 و 2001 و 2008 و 2012.

وماذا عن النهج المعارض لإسرائيل والعرب فيما يتعلق بمنح الأراضي في المناطق موضوع النقاش؟ وفي عام 2002، حذرت المحكمة العليا الإسرائيلية من أن الدولة لا تستطيع تخصيص الأراضي على أساس الدين أو العرق، وبالتالي لا يمكنها منع المواطنين العرب من العيش في المكان الذي يفضلونه.

من ناحية أخرى، في عام 1996، أصدر مفتي السلطة الوطنية الفلسطينية عكرمة صبري فتوى حقيقية تمنع العرب من بيع ممتلكاتهم لليهود، تحت طائلة الإعدام. والواقع أن ما لا يقل عن سبعة من "بائعي الأراضي" قتلوا في ذلك العام وحده. في 5 مايو/أيار 1997، أصدر وزير العدل في السلطة الوطنية الفلسطينية فريح أبو مدين مرسوما رسميا بعقوبة الإعدام حتى بالنسبة لأولئك الذين أجبروا أو أقنعوا الآخرين بالتنازل ولو عن سنتيمتر واحد لإسرائيل. والدليل على ذلك هو أنه في عام 1998 قتل فلسطيني يشتبه فقط في ارتكابه مثل هذا العمل. ثم ألقي القبض على بائعين آخرين مشتبه بهم لانتهاكهم القانون الأردني الذي يحظر البيع للأجانب في الضفة الغربية.

تأكيدا للديمقراطية الإسرائيلية، رفض الكنيست في أيار/مايو 2012 مشروع القانون الذي قدمته النائبة عن حزب الليكود، ميري ريغيف، لتوسيع السيادة الإقليمية الإسرائيلية لتشمل يهودا والسامرة.

ولكن دعونا نذهب إلى البيانات الخام، ولهذا السبب لا جدال فيه من قبل الكذابين، على الظروف المعيشية في تلك المناطق. بين عام 1967 وأوائل ثمانينيات القرن العشرين، ارتفع دخل الفرد السنوي في غزة في القطاع من 80 دولارا إلى 1700 دولار، بينما تضاعف الناتج المحلي الإجمالي في الضفة الغربية ثلاث مرات، وزاد عدد السيارات عشرة أضعاف، وعدد الهواتف ست مرات، وعدد الجرارات تسع مرات. في عام 1967 تم توصيل 18٪ فقط من المنازل في غزة بالكهرباء: في عام 1981 كانت 89٪ بالفعل. يا له من فصل عنصري غريب ...

كان الناتج المحلي الإجمالي في المتوسط، بين عامي 1968 و 1978، 12.9 ٪ سنويا و 12.1 ٪ في قطاع غزة. ضع في اعتبارك أنه في إسرائيل نفسها كان أقل، 5.5٪.

وماذا عن العرب الذين يعيشون في غزة والضفة الغربية؟ وفقا لمنظمة الصحة العالمية، يمكن اعتبار أكثر من ربع الفلسطينيين يعانون من السمنة المفرطة: تأثير "الإمبريالية الإسرائيلية"! وجد الصحفي الإسرائيلي بن درور يميني أن الفلسطينيين، على الأقل في غزة والضفة الغربية، لديهم اليوم متوسط عمر متوقع يبلغ 76 عاما (المتوسط العالمي هو 72)؛ في عام 1967 كان 48.7 عاما. في هذه المناطق، معدل وفيات الرضع هو الأدنى في الشرق الأوسط (13 في الألف ويتناقص باستمرار)، وهو أعلى معدل لخريجي الجامعات في العالم العربي (49٪ من السكان المتعلمين). وفقا للتعداد السكاني الإسرائيلي لعام 1967، بلغ عدد سكان الضفة الغربية وقطاع غزة 661,700 و 354,000 على التوالي. يبلغ عدد سكان الضفة الغربية وقطاع غزة اليوم ـ على التوالي ـ 2,949,246 نسمة و 1,957,062 نسمة. مرة أخرى، دعونا نفعل الرياضيات. زاد عدد سكان الضفة الغربية، في ظل سياسة التطهير العرقي الإسرائيلية المزعومة، بنحو 2.3 مليون نسمة وبمقدار 1.6 مليون نسمة في غزة.

هل تدرك مرة أخرى مقدار الهراء الذي يخبرونك به؟ ولا ينتهي الأمر هنا ...

الفصل 3 ـ الإمبريالية الفلسطينية

"فلسطيني نازي"

بالنسبة لأولئك الذين يكون البحر ناعما بالنسبة لهم، والثلج حار والمطر جافا، سيكون للحركة الفلسطينية دلالات يسارية (منظمة التحرير الفلسطينية) أو حتى "ماركسية" (الجبهة الشعبية لتحرير فلسطين). العكس تماما هو الصحيح.

هل تعرف الحاج أمين الحسيني؟ كان مفتي القدس ، زعيم جماعة الإخوان المسلمين ، مقيما في ألمانيا من عام 1941 إلى عام 1945. سيئ... الدم لا يكذب وفي الواقع كان أيضا معلم ياسر عرفات وعمه (من جانب والده).

كان للصورة المؤيدة للنازية الفاشية العربية لحظتها الأساسية عندما تظاهر موسوليني نفسه بأنه حامي العرب من خلال تسليمه سيف الإسلام في 18 مارس 1937 في طرابلس بعد أن انتقد بشدة المستوطنات اليهودية في فلسطين. علاوة على ذلك، في رسالة رسمية بعث بها وزير الخارجية الفاشي سيانو إلى المفتي في 28 أبريل 1942، والمعروف بتأييده للعرب، تم التأكيد للحلفاء العرب على أن إيطاليا ستفعل كل ما في وسعها لإلغاء "الوطن القومي اليهودي". دعما لهذه الكلمات ، في 10 سبتمبر 1936 و 15 يونيو 1938 ، تلقى المفتي الأكبر 138000 جنيه إسترليني من إيطاليا.

والنازيون؟ لا أقل. يشرح برنارد لويس لماذا كانوا يعارضون بشدة ولادة دولة إسرائيلية:

"وفقا للنظريات العنصرية ، كان الآريون فقط يستحقون التمتع بالسيادة السياسية لأنهم وحدهم القادرون على ممارستها. وكان اليهود يفتقرون إلى الإبداع والمثالية اللازمتين لإقامة دولة وبقائها".

في كفاحي أعلن هتلر:

"عندما تحاول الصهيونية أن تجعل بقية العالم يعتقد أن الوعي القومي لليهود سيجد رضاه في إنشاء دولة فلسطينية ... اليهود... ليس لديهم أي نية أخرى سوى إنشاء مركز تشغيلي لأعمالهم الدجالية".

في نوفمبر 1941 التقى المفتي مع هتلر الذي أكد له أن

"عارضت ألمانيا الوطن القومي اليهودي في فلسطين ... كانت ألمانيا ستقدم مساعدة مؤكدة وملموسة للعرب الذين كانوا يخوضون نفس المعركة ... هدف ألمانيا... فقط تدمير العنصر

اليهودي المقيم في المجال العربي ... في تلك اللحظة سيكون المفتي المتحدث الأكثر موثوقية في العالم العربي".

في 2 نوفمبر 1943 ، كرر هاينريش هيملر للمفتي الأكبر ، في رسالة تلغرافية ، أن "الحزب الاشتراكي الوطني للرايخ الألماني العظيم ... تابع بتعاطف معركة العرب التي تحركها روح الحرية ضد الغزاة اليهود وخاصة في فلسطين".

من جانبه، وعد ريبنتروب المفتي، كما فعل سيانو بالفعل، بأن

"ألمانيا مستعدة لتقديم كل دعمها للبلدان العربية المضطهدة لتحقيق أهدافها الوطنية واستقلالها وسيادتها وتدمير "الوطن القومي اليهودي" في فلسطين".

في جدول زمني للرعب في 1 مارس 1944 ، دعا فورهر إلى طرد اليهود في نشرة إذاعية معادية للسامية بشراسة:

"العرب ينهضون ويقاتلون من أجل حقوقكم المقدسة! اقتل أي يهودي تجده!".

خلال محاكمة أيخمان ، التي صدرت في القدس عام 1961 ، قدم المدعي العام جدعون هاوزنر وثائق تثبت الاجتماع، الذي عقد في عام 1941 ، حيث شرح المفتي "الحل النهائي" لأدولف أيخمان. ولكن حتى قبل ذلك، في محاكمة نورمبرغ، أكد أحد الشهود أن المفتي التقى شخصيا بأدولف أيخمان داخل معسكر أوشفيتز و"حرض [الحراس .N.d.A] على زيادة استخدام غرف الغاز".

مرة أخرى ، أعلن المفتي ، مباشرة في ميكروفون راديو برلين ، في نوفمبر 1944:

"إلى جميع العرب: الحكومة الألمانية توافق على إنشاء وحدة عربية تقاتل اللواء اليهودي في فلسطين".

في عام 1945 أرادت يوغوسلافيا اتهام المفتي، كمجرم حرب، لتجنيد 20000 متطوع مسلم ساعدوا نفس قوات الأمن الخاصة لقتل اليهود في كرواتيا والمجر. كان العار هو السماح له بالهروب من فرنسا في عام 1946 للسماح له بعد ذلك بالعمل مع الفلسطينيين في القاهرة وبعد ذلك في بيروت.

واليوم؟ لم يتغير شيء.

قريب من الأفكار الاشتراكية القومية الشيخ حسن نصر الله، زعيم حزب الله اللبناني، الذي عرف المنكر النازي ديفيد إيرفينغ بأنه "رجل شجاع ضحية الصهاينة" الذي "دافع فقط عن رأي علمي ذي طبيعة تاريخية من خلال إنكار وجود غرف الغاز في المعسكرات النازية".

النازي ، الذي استأجره الفلسطينيون لاحقا ، كان فرانسوا جينود ، المصرفي السويسري المعروف للنازية ، والوريث الوصي لأدولف هتلر وجوزيف جوبلز. تم استخدام خزانة حرب الرايخ نفسها لتمويل الإرهابيين الفلسطينيين ، وخاصة "الماركسيين اللينينيين" المزعومين للجبهة الشعبية لتحرير فلسطين ، وكذلك صديق مقرب لمؤسسها ، جورج حباش ، ومؤسس أيلول الأسود علي حسن سلامة. كان جينود نفسه هو الذي اعترف للصحفي الفرنسي بيير بيان بأنه متورط في اختطاف رحلة لوفتهانزا رقم 649 عام 1972 من قبل الفلسطينيين. في عام 1959 أنشأ "الرابطة الدولية لأصدقاء العالم العربي" وانتقل لاحقا إلى لوزان حيث افتتح البنك التجاري العربي مع زهير مردم بك السوري.

كانت منظمة دولية (من الواضح أنها نازية جديدة) نظمت أيضا معسكرات تدريب فلسطينية في جبال البرانس الإسبانية وفي جنوب تيرول الإيطالية. فعلى سبيل المثال، تم تنسيق وإدارة مخيم كرون في مالطا من قبل مجموعة الطليعة الوطنية المعروفة خارج البرلمان من أجل "تشكيل الشباب الفلسطيني". في 5 و 6 أبريل 1969 ، عقدت الجمعية العاشرة للنازيين في النظام الأوروبي الجديد (NOE) في برشلونة ، التي أسسها في زيورخ "الفرنسي" رينيه بينيه وترأسها السويسري غاستون أرماند أمودروز ، وهو نفسه مقرب من جينو. وفي برشلونة حضر أيضا المندوبون العسكريون لحركة فتح، وهي جزء من منظمة التحرير الفلسطينية بقيادة ياسر عرفات. ولكن في عام 1970 وجد المقاتلون النازيون الجدد أنفسهم في المخيمات الفلسطينية في لبنان في تل الزعتر وبئر حسن. هناك جندت منظمة التحرير الفلسطينية مقاتلين ألمان من النازيين الجدد ، مثل 20 عضوا من مجموعة النازيين الجدد Wehrsportgruppe (مجموعة الرياضة العسكرية) ، التي أسسها كارل هاينز هوفمان في عام 1973. ثم كان أودو ألبريشت ـ المجرم الألماني الذي قاتل مع الجماعات الفلسطينية خلال أيلول الأسود في الأردن على رأس ميليشيا فاشية جديدة تسمى فريكوربس أدولف هتلر ـ هو الذي أحضره إلى منظمة التحرير الفلسطينية. في عام 2012 ذكرت مجلة دير شبيجل أن اثنين من النازيين الجدد الألمان، ويلي بول وماكس أبراموفسكي، ساعدا أيلول الأسود في مذبحة ميونيخ عام 1972 عن طريق نقل الإرهابيين ومصادرة جوازات سفرهم. في عام 1969 جندت منظمة التحرير الفلسطينية أيضا في إريك ألتيرن، رئيس قسم الشؤون اليهودية في الجستابو في غاليسيا الذي اختار اسم "علي بيلا" بعد اعتناقه الإسلام، وفي مصر، في خمسينيات القرن العشرين، أخرج المقاتلين الفلسطينيين.

ينتهي هنا؟ لا شيء من هذا القبيل!

كما جندت منظمة التحرير الفلسطينية ويلي بيرنر، وهو رجل سابق في قوات الأمن الخاصة من معسكر الإبادة في ماوتهاوزن؛ ومن جانبه، قام نازي آخر، يوهان شولر، بتزويد حركة فتح بالأسلحة. وقام نازي بلجيكي جديد آخر، هو كارل فان دير بوت، بتوظيف متطوعين للمنظمة الفلسطينية. كما حصل بلجيكي آخر جان تيريارت ، سكرتير المنظمة النازية La Nation Européenne ، على أموال من حركة فتح. واعتقل رفيق آخر، أوتو

ألبريشت، في ألمانيا وعثر معه على وثائق منظمة التحرير الفلسطينية بعد أن سلمه الفلسطينيون أنفسهم مليون دولار لشراء الأسلحة.

من الواضح أن العلاقة مع النازيين الجدد كانت دائما قوية. في الواقع كان الجزءان (وهما) في الواقع واحدا.

من عام 1945 إلى عام 1958 ، وجد حوالي عشرين ألفا من التسلسل الهرمي الاشتراكي الوطني الضيافة بشكل رئيسي في سوريا ومصر. مثال على ذلك هو المحاضر الفرنسي سان لوب (واسمه الحقيقي ، مع ذلك ، مارك أوجييه) ، وهو مسؤول سياسي سابق في قسم شارلمان إس إس ، الذي نشر كتابا بعنوان رمزي "فلسطين ستنتصر". ثم لدينا فيلهلم بورنر ، SS Untersturmführer (الذي أطلق على نفسه اسم علي بن كثير) الذي كان ، الوصي السابق على معسكر ماوتهاوزن. ثم هناك موظف في وزارة الداخلية المصرية، كارل لودر ، مدرس جبهة التحرير الفلسطينية، الذي كان زعيما سابقا لجماعة هتلر ، ومسؤولا عن جرائم معادية للسامية في بولندا. في نوفمبر 1967 ، نشرت مجلة Der Neue Aufbruch ، مجلة منظمة النازيين الجدد Bund Heimattreuer Jugend (الشباب الموالي للوطن) ، نعيا مثيرا للاشمئزاز مخصصا لكارل فان كيناست: "ملازم احتياطي في الجيش الألماني ، نقيب في جيش الجمهورية العربية المتحدة ، توفي على جبهة السويس في 12 سبتمبر 1967".

أخذ ليوبولد جليم ، الرئيس المعروف للجستابو في بولندا ، اسم علي النهار عندما اختاره الديكتاتور المصري ناصر. حتى أن أوسكار ديرلوانجر ، قاتل عشرات الآلاف من اليهود في أوكرانيا ، أصبح حارسه الشخصي. طبيب آخر في داخاو كان آنذاك الدكتور هاينريش ويلرمان الذي أدار "معسكر سامراء" في مصر. في القاهرة عاش أيضا كارل ديبوش ، الذي لم يكن سوى هانز إيسيلي ، وهو طبيب قاتل آخر في داخاو ترك السجناء يموتون ببطء بعد حقن السيانيد أو حاول عليهم الآبومورفين لتحليل آثار القيء. كورت بورنان ، مبيد غيتو وارسو ، كان يعمل لدى وزارة الحرب في القاهرة ودرب الفلسطينيين في الشرق الأدنى. على رأس دوسلدورف الجستابو ، ومع ذلك ، كان يواكيم ديملينج الذي تم تكليفه بمهمة إعادة تنظيم الشرطة ونظام السجون المصري. فكر والتر راف ، المشهور بما يسمى "شاحنات الغاز" التي تم إبادة ما يقرب من مائة ألف يهودي بها في عام 1948 ، في إنهاء العمل في دمشق.

ولا ينبغي أن ننسى المتحولين الآخرين إلى الإسلام مثل فيلهلم بوكلر (عبد الكريم) ، النقيب السابق للجستابو ورئيس جهاز المخابرات المصرية ، SS فيلهلم بيرنر الذي أصدر تعليماته للفدائيين الفلسطينيين ، SS Gruppenführer Aloïs Moser (حسن سليمان) الذي كان مدربا عسكريا ، قائد حراس هتلر الشخصيين لودفيج هايدن (الحاج) الذي ترجم كفاحي. إلى العربية ، هاينريش سيلمان (محمد سليمان) ، مسؤول مهم في أولم الجستابو وأخيرا ... في القبح SS Sturmbannführer السابق والتر بالمان (علي بن خضر).

لكن النازيين الجدد الأكثر نشاطا في مصر كان مجرم الحرب يوهان فون ليرز ، العقيد السابق في قوات الأمن الخاصة وزعيم NSDAP. في عام 1950 ، رحب به الحاج أمين الحسيني ، مفتي القدس ، بأذرع مفتوحة على النحو التالي:

"نشكرك على تجرؤك على شن حرب ضد قوى الظلام التي يجسدها يهود العالم".

تم تحويل فون ليرس وهو عمر أمين فون ليرس منذ ذلك الحين. المستشار السياسي لقسم الإعلام في القاهرة، الذي تم اختياره للاستفادة من خبرته كأقرب متعاون لجوزيف غوبلز، كان في الأساس رئيس الدعاية المعادية للدولة اليهودية في معهد البحوث الصهيونية. كما قامت هذه الزنبق الأصيلة في هذا المجال بتحرير وإخراج برامج مهمة مثل صوت العرب ، وهي عبادة مثيرة للاشمئزاز للمسلمين. إليك ما أحبه في الفوهرر:

"أحببت قتال هتلر ضد اليهود وحقيقة أنه أباد الكثير منهم".

يا لها من روح صريحة ...

يتذكر الفيلسوف اليهودي إميل فاكنهايم ما اعتقده فون ليرس:

"الدول التي تؤوي اليهود تؤوي الطاعون ، وعلى الرايخ واجب أخلاقي وحق قانوني في غزو هذه البلدان لأنه يجب أن يذهب ويشن كفاحه غير المبرر للقضاء على الطاعون".

لكن أوتو سكورزيني ، قائد قوات الأمن الخاصة الذي حرر موسوليني من الأسر في غران ساسو ، عمل أيضا في مخابرات عبد الناصر: لقد ساعده هو نفسه رفيق ألماني آخر ، مسؤول في وزارة الدعاية في غوبلز و RSHA في هيملر ، أي فرانز بوينش. في إشاراته النازية المثيرة للاشمئزاز ، كان بإمكانه "التفاخر" بأنه عمل مع أيخمان على الحل النهائي وكتب كتيبا مثيرا للاشمئزاز بعنوان "العادات الجنسية لليهود". أجرت صحيفة مصرية مقابلة مع الرائد أوتو إرنست ريمر ، الذي قمع مؤامرة 20 يوليو 1944 لقتل هتلر ، في عام 1993. لم يكتف بالهذيان بأن غرف الغاز كانت "أكاذيب" ، بل قارن هزيمة ألمانيا النازية بهزيمة الفلسطينيين ، "كلاهما ضحية لليهود ، كلاهما عانى تحت الاحتلال".

مثال آخر على "فلسطين الصهيونية".

لكن العديد من الفلسطينيين أنفسهم كانوا نازيين؛ في عام 1966 تم نشر النسخة العربية من بروتوكولات حكماء صهيون، وترجمها شوقي عبد الناصر، شقيق الرئيس عبد الناصر.

بعد قولي هذا ، يبدو من السخف أكثر أن نقرأ في مجلد اللوبي الإسرائيلي ما يلي:

"المنظمات الإرهابية التي تهدد إسرائيل (مثل حماس ... حزب الله) لا ينفذون هجمات ضد الولايات المتحدة ولا يشكلون تهديدا للمصالح الأمنية الأساسية لأمريكا ... وبالتالي "ليس كل الإرهابيين متشابهين"

وبعبارة أخرى، ما الذي يهمنا نحن الأمريكيون إذا أبادوا اليهود؟

الاشتراكيون القوميون أنفسهم في جميع أنحاء العالم مؤيدون للفلسطينيين. في عام 1985، ساعد حليق الرأس النازي البريطاني مايكل دافيسون اثنين من إرهابيي منظمة التحرير الفلسطينية على قتل ثلاثة إسرائيليين بالقرب من لارنكا، قبرص. أراد أوغست كريس ، وهو عضو سابق في العديد من التشكيلات الأكثر عنصرية في الولايات المتحدة (Posse comitatus و KKK و Aryan Nation) بشدة صفحة كاملة من موقع الأمة الآرية مخصصة لحماس مع هذا الثناء:

لهذا نشيد بأعمال حماس وحزب الله".

من ناحية أخرى، يكفي الرجوع إلى الشبكة للعثور على صور لفلسطينيين يؤدون التحية النازية؛ على سبيل المثال الصورة الرسمية لما يسمى بمقاتلي حزب الله في لبنان بمناسبة يوم الشهيد في بيروت في 11 نوفمبر 2001، صورة مقاتلي حماس، حتى الشرطة الفلسطينية في حركة فتح. كما أن التحية النازية تحيط بشكل مخجل صور مقاتلي حزب الله بالعلم الأصفر والأخضر أو الجبهة الشعبية لتحرير فلسطين (الماركسية اللينينية...) بالعلم الأبيض والأحمر والأخضر، أو المسلحين المجهولين بالكوفية.

ولكن حتى على الجبهة الفاشية الأكثر صحة، تكثر المواقف المؤيدة للفلسطينيين.

تبرز في إيطاليا Forza Nuova التي تمكن "سكرتيرها الوطني" ، في مقطع فيديو على Youtube ، تم تحميله في 20 مارس 2011 بعنوان Forza Nuova and Palestine ، من تعداد ، واحدا تلو الآخر ، مزيجا مقليا من الهراء الذي لا مثيل له في التاريخ. هنا ملخص:

"... نحن أمام ظلم يومي ومستمر تجاه الشعب الفلسطيني..." إلى حقيقة أن دولة إسرائيل سيكون لديها الآن "رهن عنصري وصهيوني" ، ينتهي بتصاعد روسيني مع

"إن فورزا نوفا تؤيد دائما حقوق الشعب الفلسطيني وتؤيد دائما الدفاع عن مصالح هذا الشعب الذي ضحى به على مذبح الصهيونية التي تزداد عدوانية وإثارة للحرب".

نطق بها مشجعو موسوليني!

توقفنا عند الصرخة التاريخية لـ MSI الشاب في 70s و 80s ، أو بالأحرى "الرفيق الفلسطيني ، نفس المثل الأعلى ، نفس الحاجز!"، لكننا تحققنا أيضا من أن لافتات الأحزاب

اليمينية المتطرفة، تلك التي لديها نسب بادئة هاتفية أو تعقد مؤتمرها في أكشاك الهاتف، قد تمت ترقيتها (إلى الأسوأ). هناك صور لفورزا نوفا تحمل نقش "Corteo Palestina libera" (موكب فلسطين الحرة) ، بمناسبة مظاهرة في Palasport في روما في 9 مارس 2019 ، أو في أخرى يتم تصوير بعض الأطفال على نقالات تحت عنوان "إرهابي إسرائيلي" و هاشتاغ genocidiopalestinese#. وأعلن بيان جداري: "إسرائيل الإرهابية أوقفوا الإبادة الجماعية في غزة" (!)، في حين أن لافتة لوتا ستيودنتسكا (مرة أخرى فورزا نوفا) صاحت "أوقفوا الإبادة الجماعية في غزة فلسطين الحرة".

في بيان آخر ، من قبل Forza Nuova أيضا ، نقرأ: "إنهم يواصلون قتل الأبرياء. إسرائيل إرهاب". الصورة ذات الصلة هي لأب منحني على ابنه بين ذراعيه ورأسه منفجر ، لكن في الحقيقة ، سيبدو وكأنه دمية. ووزع حزب فورزا نوفا روما ملصقا يظهر فيه شخص معاد لإسرائيل، خرج من كرسيه المتحرك، وألقى الحجارة مع مقاتلين آخرين يحملون علم فلسطين وفوق كتابة "إيطالي، خذوا مثالا". من ناحية أخرى ، رفع قسمها في تورينو لافتة كتب عليها "القنابل الصهيونية لا تصدر ضوضاء". إعادة إطلاق بياتشينزا مع "كفى مذابح في فلسطين".

مثير للاشمئزاز الحركة الاجتماعية شعلة ثلاثية الألوان من ريجيو كالابريا مع راية "فلسطين الحرة" ، الفاشية وحزب الحرية الاشتراكي الوطني ، أيضا من ريجيو كالابريا ، مع بيانها مع صياغة: "التضامن مع فلسطين" والمنشور الجداري لميليشيا فيتا إيست بعنوان " قاطعوا إسرائيل. ساعدوا في وقف مذبحة الشعب الفلسطيني".

ننصحك أيضا بعدم تفويت بيان مجموعة الاشتراكية القومية (التي يشبه شعارها الصليب المعقوف المنمق) الذي يبرز فيه علم إسرائيل والكتابة تشبه العلاج الطبي القسري:

"من أجل إغلاق السفارة الإسرائيلية في إيطاليا ، ضد الإبادة الجماعية المستمرة للشعب الفلسطيني والأراضي المحتلة".

أتساءل ما الذي قد يفكر فيه اليسار ، أو الأسوأ من ذلك، اليسار المتطرف، في مشاركة نفس الأفكار المؤيدة لفلسطين مع هذه التشكيلات اليمينية المتطرفة خارج البرلمان.

من ناحية أخرى ، لفهم أيديولوجية الفلسطينيين ، إذا كان لا يزال لديك شكوك ، فما عليك سوى إلقاء نظرة على مؤتمر "Mediterraneo Solidale" ، الذي تروج له منظمة غير حكومية يمينية متطرفة تسمى Solidarité Identité بدعم من Casa Pound ، الأسبقية الوطنية وعقد في روما بمشاركة اثنين من كبار دعاة الحركة الشيعية اللبنانية حزب الله.وهما ريما كاخري، عضو المجلس السياسي للحركة الإسلامية، وعمار الموسوي، مدير العلاقات الدولية في حزب الله.

قال الأخير حرفيا لمن نظم المؤتمر:

"...نحن حقا لا نرى أي مسافة بيننا وبينك ...".

ماذا أقول أكثر من ذلك؟ مبروك.

حتى العقل الموضوعي (الأكثر حدة) لليمين الراديكالي الإيطالي ـ ولكن بأيديولوجية منحرفة ومثيرة للاشمئزاز ـ مثل فرانكو (جورجيو) فريدا لم ينقذنا من الجمل التالية بالفعل في عام 1985:

"أنا مؤيد للعرب" ؛ "اليهودية... صهيونية... يتم الكشف عن الشرور القابلة للاستبدال ... تجليات" "انحطاط الإنسان" دعوة لزيارة "معسكرات الإبادة" (!) من الصهاينة "في صبرا وشاتيلا" مثال على "مذبحة السكان الفلسطينيين التي بدأت في دير ياسين وناصر الدين عام 1948".

آه ، لقد نسيت راية الفاشي المعروف ماوريتسيو بوكاتشي:

"إسرائيل لم تكن موجودة أبدا، هذا الشريط من الأرض يسمى فلسطين".

الفضول: منذ عام 1942 ، يوجد الحزب الوطني الاشتراكي السوري في لبنان وسوريا والأردن والعراق وفلسطين (مع ما يسمى برمز الزوباء ، وهو تقريبا صليب معقوف أحمر منمق على خلفية بيضاء ودائرة سوداء). إنه، ببساطة، أكبر تشكيل سياسي في سوريا، بعد حزب البعث، مع أكثر من 100000 عضو يقاتلون، من قبيل الصدفة، ضد من؟ إسرائيل!

العنصرية العربية ضد اللاجئين الفلسطينيين

فقط أيديولوجية نازية فاشية بالية يمكن أن تستمد من هؤلاء "الوحوش الرئيسية". كان لدى عباس في كانون الأول/ديسمبر 2010 (وهو مفهوم تكرر بعناد في عام 2013) الجرأة على القول:

"لن أعترف أبدا بدولة يهودية، لا اليوم ولا بعد ألف عام" ومرة أخرى "في فلسطين المستقلة وعاصمتها القدس لن يكون هناك مكان لإسرائيلي واحد".

وتذكروا أنه لم يكن يشير إلى الجنود ، بل إلى المدنيين البسطاء. وقد عبر عن نفس المفهوم سفير منظمة التحرير الفلسطينية لدى الولايات المتحدة الأمريكية، معن عريقة، في 13 أيلول/سبتمبر 2011.

سأل رئيس الوزراء الشرعي نتنياهو:

"ولكن إذا كان 20% من المواطنين في إسرائيل عربا ، فلماذا لا أرى إسرائيليا واحدا في بلدانكم؟".

سنجيب: يحظر على الإسرائيليين دخول العراق والكويت ولبنان وإيران وليبيا وباكستان والمملكة العربية السعودية والسودان وسوريا واليمن والجزائر وبنغلاديش وبروناي وماليزيا وعمان والإمارات العربية المتحدة. ولكن إذا كان كل شيء يقتصر فقط على عدم السماح لهم بالدخول ؛ هدفهم هو قتلهم أينما يتربصون.

ومنح السيد عباس، الذي كان أيضا رقم 2 في منظمة التحرير الفلسطينية ومؤسس حركة فتح، "وسام الذكرى" لأم 3 إرهابيين فلسطينيين، توفي أحدهم في هجوم انتحاري عام 2002 قتل فيه 5 إسرائيليين. في 3 شباط/ فبراير 2016 أعرب عن تقديره لعائلات 11 إرهابيا على النحو التالي:

"أبناؤكم شهداء".

في عام 2003 ، كشف نفس الزعيم الإرهابي عن نفسه على أنه منكر للهولوكوست:

كتب البعض أن هناك 12 مليونا ونحو 800 ألف. ليس لدي أي نية للخوض في مزايا الأرقام ".

لكنه كان أيضا عائدا لأنه في عام 1982 في موسكو ، كرر في أطروحة الدكتوراه هذا الجنون:

"... ولكن بعد الحرب، أعلن أن ستة ملايين يهودي كانوا من بين الضحايا، وأن الإبادة كانت موجهة أولا وقبل كل شيء ضد اليهود، وثانيا ضد الشعوب الأوروبية الأخرى. الحقيقة هي أنه لا يمكن لأحد التحقق من هذا الرقم، ولا إنكاره تماما".

ونتذكر أن أبو العباس "المعتدل" هو نفسه الذي صدرت بحقه مذكرتا توقيف دوليتان من إيطاليا والولايات المتحدة، لمسؤوليته في الاستيلاء على أكيلي لاورو في 7 تشرين الأول/ أكتوبر 1985 الذي اغتيل فيه اليهودي الأمريكي المشلول ليون كلينغوفر. في فبراير 2008 تفاخر بوقاحة على النحو التالي:

"كان لي شرف إطلاق الطلقة الأولى في عام 1985".

وبشكل عام، كرر مرارا وتكرارا أنه فخور بتعليم «حزب الله»، وجميع الإرهابيين المستقبليين، في معسكرات تدريب خاصة. في عام 2010 أعلن أن مذبحة ميونيخ في

أولمبياد 1972 كانت تحفة مقاومة لقضية عادلة ، وأنه بالنسبة له "وضع اليهود أقدامهم القذرة على حجارة المتنزه".

لقد شمهم ...

إنه في الواقع في صحبة جيدة: في 29 نوفمبر 2000 ، صعد أستاذ التاريخ في جامعة غزة ، عصام سيسالم:

"لا يوجد داخاو وخيلمنو وأوشفيتز".

وماذا عن (!) القاضي الإسلامي، الشيخ تيسير تميني من السلطة الوطنية الفلسطينية الذي ذهب إلى أبعد من ذلك:

"حيث فشل هتلر ، يجب أن ننجح".

وقدم أمين دبر، مدير المركز الفلسطيني للبحوث الاستراتيجية، الأرقام:

"العدد المزعوم [ستة ملايين .N.d.A] قتل اليهود [في الهولوكوست .N.d.A] هي مجرد دعاية خالصة".

الإمام المصري يدعى محمود المصري، الذي غالبا ما يظهر على التلفزيون المصري الناس، كمروج ل "حقيقة" بروتوكولات حكماء صهيون.

هناك أيضا شريط فيديو للرئيس المصري مرسي من عام 2010 يقول فيه إن اليهود بالنسبة له هم "أبناء والخنازير".

لا ينبغي أن نتفاجأ عندما يتدفق الإرهابيون بعد ذلك وأن أبو مازن ، بمجرد تلقيه 42000 دولار من بايدن ، سلمهم إلى عائلة إرهابي قتل شخصين في هجوم وجرح اثنين آخرين ، بما في ذلك صبي يبلغ من العمر عامين. وتشكو السلطة الوطنية الفلسطينية من الأوضاع الاقتصادية في الضفة الغربية، لكنها تمنح ما بين 3 إلى 7 ملايين دولار ، كمكافآت وجوائز للإرهابيين وعائلاتهم.

إليكم ما يحق للإرهابيين عموما الحصول عليه: من 3 إلى 5 سنوات في السجن 500 يورو في الشهر. من 20 إلى 35 سنة 2400 يورو. إذا كان الإرهابي متزوجا ، فلديه ملحق قدره 75 يورو ؛ إذا كان لديه أطفال ، فإنه يزيد بمقدار 15 يورو لكل طفل ؛ إذا كان من القدس 75 يورو أكثر ؛ إذا كان مواطنا إسرائيليا حتى 120 يورو أكثر.

كما أن الأمير عبد الله والمملكة العربية السعودية يمولان الإرهابيين ويكافئونهم بمئات ومئات الملايين من الدولارات؛ كما اخترعوا، للتسجيل، هاتفا يرثى له "للشهداء"

الفلسطينيين. كما تمول منظمة الإغاثة الإسلامية العالمية حماس في الأراضي، فضلا عن الإرهابيين الأفراد وعائلاتهم. ومن المفارقات أن محمود عباس اشتكى سرا للسعوديين من أن الأمير نايف مول "منافسيه" حماس. تشير التقديرات إلى أنه في عام 2003 جاء حوالي 60٪ من ميزانية حماس مباشرة من المملكة العربية السعودية، وكذلك من التبرعات الأجنبية، بما في ذلك التبرعات الغربية، وحتى من الولايات المتحدة نفسها. حتى أن فرق كرة القدم أو المدارس سميت على اسم الإرهابيين.

لكن الفلسطينيين كانوا دائما يقولون ويلفظون بالشذوذ. رمز القومية العربية، جمال عبد الناصر، نشر هذه الكلمات لصحيفة ألمانية:

"لا أحد، ولا حتى أكثر الأشخاص سذاجة، يصدق بجدية الكذبة القائلة بأن ستة ملايين يهودي قد أبيدوا".

منذ عام 2008، كان ميكي ماوس فرفور المؤيد للفلسطينيين يحتدم على تلفزيون الأطفال التابع لحماس، داعيا إلى شن هجمات إرهابية ضد اليهود. وفي حادثة وقعت في حزيران/ يونيه 2007، تعرض فرفور للضرب حتى الموت على يد جندي إسرائيلي بينما كان يضرب... الدفاع عن المسجد الأقصى. في تلك المرحلة من الفيديو هاجمت فتاة تبلغ من العمر ثلاث سنوات:

"نحن لا نحب اليهود لأنهم. سنقاتلهم".

ثم تم استبدال فرفور بشخصية أخرى صريحة، وهي النحلة ناهول، التي تركت بعد ذلك بشكل درامي لتموت في حلقة لاحقة من برنامج الأطفال، بسبب استحالة إدخالها إلى المستشفى بسبب "الحصار الإسرائيلي". في شباط 2008، وبعد وفاة شخصية فرفور، كما ذكرنا، قدم برنامج الأطفال "رواد الغد" التابع لتلفزيون حماس في قطاع غزة شخصية متحركة جديدة أخرى بمظهر أرنب كبير، وهو أسد الذي يعلم بوفاة شقيقه نحول "الشهيد"، وتؤكد له المذيعة الصغيرة جدا سارة:

"سنحرر الأقصى [المسجد القدسي] من قذارة الصهاينة". يعلق عسود: "أنا أسد سأقوم بمسح اليهود وسألتهمهم إن شاء الله" وأخبر فتاة صغيرة: "اليهود هم أتعس المخلوقات، القردة البربرية، الخنازير البائسة".

يا لها من صورة جميلة ...

في 18 أبريل 2008، قال تلفزيون حماس، قناة الأقصى، إن المحرقة كانت، في الواقع، "مؤامرة صهيونية للتخلص من اليهود المعاقين والمصابين بالشلل النصفي" وكسب تعاطف العالم، "مما يعطي الانطباع بأن اليهود تعرضوا للاضطهاد".

وعلى قناة ميمري، وهي منظمة تترجم وسائل الإعلام العربية والإسلامية إلى اللغة الإنجليزية، يجبر الأطفال الفلسطينيون عن غير قصد على قول عبارات مثل "سأطلق النار على اليهود" أو "اليهود والمسيحيون أقل شأنا".

ولكن ماذا يمكن أن يقول الأطفال إذا كان الكبار ، حتى على شاشة التلفزيون ، ربما أكثر وهما؟

وفي مقابلة مع قناة الأقصى في 9 أبريل/نيسان 2008، قال وزير الثقافة في حماس، عطا الله أبو الصبح:

"تشكل بروتوكولات حكماء صهيون الإيمان الذي يحمله كل يهودي في قلبه".

وقد نقلت قناة ميمري التلفزيونية هذا التركيز الحقيقي للأكاذيب للفلسطينيين في 27 تموز/ يوليو 2010:

"أعزائي الأحباء، المسجد الأقصى [في القدس] يمر بحملة شرسة من التهويد والتلوث على أيدي أقذر المخلوقات التي صنعها الله على الإطلاق: اليهود. [...] نرى اليوم إخوة والخنازير الذين يدمرون المنازل ولا يزال السكان بداخلها، والذين يقتلعون الأشجار من أراضيهم، ويقتلون النساء والأطفال والشيوخ [...]".

كان العكس تماما هو الصحيح ، كما رأينا وسنرى.

ميثاق شاحب

دعونا الآن نترك الكلمة للوثائق الرسمية للمنظمات والتشكيلات الفلسطينية (القوانين في الصغر الإرهابي).

يشير ميثاق منظمة التحرير الفلسطينية لعام 1964 - الذي تم تحديثه من عام 1968 حتى اليوم ـ بشكل سير اف إلى هدف المنظمة

"إبادة دولة إسرائيل".

في رسالة مؤرخة في 22 يناير 1998 ، أرسلت إلى الرئيس الأمريكي كلينتون ، وعد ياسر عرفات بحذف الجزء. وخمن ماذا؟

هذا الإملاء لا يزال يضيء!

مع النفاق المعتاد في نفس اليوم الذي وقع فيه عرفات إعلان المبادئ في البيت الأبيض في عام 1993 وهو يوزع كلمات السلام، ذهب بدلا من ذلك إلى الهجوم على التلفزيون الأردني:

"بما أننا لا نستطيع هزيمة إسرائيل بالحرب ، علينا أن نفعل ذلك على مراحل. سوف نأخذ أي أرض فلسطينية يمكننا الاستيلاء عليها، ونؤسس السيادة هناك، ونستخدمها كنقطة انطلاق للاستيلاء على المزيد. عندما يحين الوقت، يمكننا الانضمام إلى الدول العربية الأخرى في الضربة النهائية ضد إسرائيل".

غير موثوق بها ، كما هو الحال دائما.

ولكن كيف أصبحت منظمة التحرير الفلسطينية رسميا؟ في يناير 1964، أرادت جامعة الدول العربية المجتمعة في القاهرة، بتوجيه من عبد الناصر، إنشاء رابطة موحدة للفلسطينيين. في 29 أيار/مايو، أنجب 422 عضوا من المجتمع العربي الفلسطيني منظمة التحرير الفلسطينية وقوة مسلحة ذات صلة، وهي جيش التحرير الفلسطيني.

والقصة الأقل شهرة؟

يروي أيون ميهاي باسيبا، الرئيس السابق للخدمة السرية الرومانية، الأمن الروماني، في كتابه "إرث الكرملين" أنه في عام 1964، تم استدعاؤهم إلى اجتماع مشترك للكي جي بي في موسكو لأن "الأمر كان يتعلق بإعادة تعريف الحرب ضد إسرائيل، التي تعتبر حليفا للغرب في إطار الحرب الباردة التي كنا نخوضها.". وفي الواقع ، تم اختراع كل من "الشعب الفلسطيني" ونضاله الوهمي من أجل التحرر الوطني ، كما حدث بالفعل لشعوب أخرى مماثلة في العالم في 60s و 70s ، التي أرادها الاتحاد السوفيتي دائما.

وهكذا سميت ديباجة ميثاق منظمة التحرير الفلسطينية في موسكو "الفلسطينيين". قبل ذلك لم يذكره أي شخص ، باستثناء التعرف على اليهود.

كانت المخابرات السورية الحاضرة تدفع كزعيم لمنظمة التحرير الفلسطينية برجلها أحمد الشقيري (الذي كان ، علاوة على ذلك ، عميلا للنفوذ في KGB) ، والذي فاز ، من قبيل الصدفة ، على ياسر عرفات. ولكن نظرا لكونه ، في الواقع ، غير مناسب، تم اختراع تشي جيفارا الجديد غير عرفات (اللحية وملابس المغامر) لإبهار الشباب بشكل خاص.

من مقال في National Review Online ، يضيف الجاسوس السابق:

وكما أخبرني رئيس هيئة الاستخبارات والأمن الداخلي يوري أندروبوف، فإن مليار معارض يمكن أن يلحقوا أضرارا بأميركا أكبر بكثير مما يمكن لبضعة ملايين أن يلحقوه. كنا بحاجة إلى غرس الكراهية على الطريقة النازية تجاه اليهود في جميع أنحاء العالم الإسلامي وتحويل سلاح العاطفة إلى حمام دم من الإرهاب ضد إسرائيل ... معاداة السامية

الإسلامية تسير بسرعة. يتذوق المسلمون طعم القومية والشوفينية والضحايا. يمكن أن تصل حشودهم الأمية المضطهدة إلى ذروتها ...».

ومرة أخرى:

«في منتصف سبعينيات القرن العشرين ، أمر KGB جهاز المخابرات الخاص بي ، DIE ـ جنبا إلى جنب مع الخدمات الأخرى ذات الصلة في أوروبا الشرقية ـ لتمشيط البلاد بحثا عن نشطاء الحزب الموثوق بهم من مختلف الجماعات العرقية الإسلامية [إلى .N.d.A] تصدير... نفور الأجداد من اليهود الذي يشعر به الناس في ذلك الجزء من العالم».

وكم كان عددهم في النهاية؟

وفقا لتقدير تقريبي تم تلقيه من موسكو، في عام 1978، أرسلت كتلة الاستخبارات السوفيتية بأكملها حوالي 4000 عميل مؤثر إلى العالم الإسلامي. في منتصف سبعينيات القرن العشرين ... كما أصدرنا فيلما وثائقيا مزيفا، لفقته الكي جي بي، باللغة العربية، بأن إسرائيل وداعمها الرئيسي، الولايات المتحدة، كانتا دولتين صهيونيتين مكرستين لتحويل العالم الإسلامي إلى مستعمرة يهودية».

كان محمد ياسر عبد الرحمن عبد الرؤوف عرفات القدوة الحسيني ، المعروف أكثر باسم ياسر عرفات ، الخامس من بين سبعة أطفال ولدوا لتاجر أقمشة في 24 أغسطس 1929. وفقا لعرفات نفسه ومصادر أخرى ، ولد في القدس. لكن كاتبي السيرة الفرنسيين كريستوف بولتانسكي وجيهان الطاهري كشفا أنه ولد بدلا من ذلك في القاهرة ، مصر ، وهذا هو المكان الذي تم فيه تسجيل شهادة ميلاده. كما أدرجت الجمعية الأكاديمية الفلسطينية لدراسة الشؤون الدولية مسقط رأسها على أنها القاهرة.

ولكن لكي يقود عرفات منظمة التحرير الفلسطينية، كان يجب أن يكون فلسطينيا، كما دربته المخابرات السوفيتية في مدرسة العمليات الخاصة التابعة لها في بالاشيخة، وهي بلدة تقع شرق موسكو.

يتابع باسيبا ـ الذي كان ضابط مخابرات رفيع المستوى من الكتلة السوفيتية السابقة ـ بعد أن كان ملف عرفات في متناول اليد:

«دمرت الكي جي بي الوثائق الرسمية التي تثبت ولادة عرفات في القاهرة ، واستبدلتها بوثائق مزورة تظهر أنه ولد في القدس ، وبالتالي فلسطيني بالولادة».

ولم ينته الأمر عند هذا الحد:

ثم شرع قسم التضليل في الكي جي بي في العمل على نشرة عرفات المكونة من أربع صفحات بعنوان "فلسطيننا"، وتحويلها إلى مجلة شهرية من 48 صفحة لمنظمة فتح الإرهابية الفلسطينية. وكان عرفات يرأس حركة فتح منذ عام 1957. ووزعها الكي جي بي في جميع أنحاء العالم العربي وفي ألمانيا الشرقية، التي كانت في ذلك الوقت موطنا للعديد من الطلاب الفلسطينيين".

في عام 1969 طلب الكي جي بي من عرفات إعلان الحرب على "الإمبريالية" الأمريكية خلال القمة الأولى لمنظمة الإرهاب الأسود الدولية، وهي منظمة فاشية جديدة مؤيدة للفلسطينيين تمولها الكي جي بي والليبي معمر القذافي. من يدري ما هو رأي الاتحاد السوفيتي في هذا الأمر وحقيقة أنه في كتيب بعنوان "الشيوعية في إسرائيل" ـ نشرته AIC في عام 1958 قبل التحول إلى المسألة الإسرائيلية التي قررها السوفييت ـ تفاخر المعادون لإسرائيل بحقيقة أن جميع الدول العربية تعتبر الحزب الشيوعي غير قانوني، وأن الدولة الوحيدة في الشرق الأوسط التي تم قبول هذا الأخير فيها هي إسرائيل.

من بين الكتيبات المختلفة التي طبعتها وحررتها ودفعت ثمنها AIC ، فإن المنشور من عام 1960 بعنوان "الهجرة إلى إسرائيل: تهديد للسلام" له أهمية خاصة بالنسبة لنا ، حيث نقرأ عبارات نموذجية مثل:

"اليوم، من خلال الإرهاب والتهديدات بالحرب، يريد الصهاينة توسيع أراضيهم أيضا من خلال زيادة الهجرة... ينظر العرب إلى المهاجرين (اليهود) من أوروبا الشرقية على أنهم خطر محتمل للتسلل إلى الشيوعية إلى الشرق الأوسط [...] وقد أكدت التجارب الأخيرة على مخاطر الانحراف الشيوعي وأوضحت التهديد الذي يشكله ذلك على الدول العربية".

الكلام...

تذكر الفدائيين؟ حسنا ، منذ بداية عام 1965 ، وتقليدهم ، بدأ مسلحو المنظمة الجديدة هجمات إرهابية ، وإن كانت النتائج مختلطة.

وعلى مر العقود، سوف يتحول عرفات إلى الداعم العنيف النموذجي للتسلح والانطلاق. على سبيل المثال، في 26 يناير 2002، حرض على التفجيرات الانتحارية:

"إن الشعب الفلسطيني لا تخيفه الدبابات والطائرات الإسرائيلية: مليون شهيد مستعدون للزحف نحو القدس".

هو ، سيئ السمعة ، لم يفعل. بقي في المنزل للمشاهدة. في 5 فبراير/شباط 2002، أمام صحفيين إسرائيليين، فتح نافذة وأشار إلى دبابة إسرائيلية ثابتة، قال:

"هل ترى ذلك؟ ربما يمكن أن ينفجر صاروخ، ويصيب هذا المكتب، وسأموت أخيرا شهيدا".

لكن الغريب أنه لم يقترب حتى من الموت الطوعي.

غير راض في 29 مارس 2002 ، في قناة الجزيرة ، أعاد إطلاق النار بازدراء السخرية:

"أدعو الله أن يكون شهيدا. أريد أن أكون شهيدا، شهيدا، شهيدا! أنا لست أفضل من أي طفل فلسطيني مات من أجل قضيتنا".

لقد اتخذت منظمة التحرير الفلسطينية، من خلال خطأها أيضا، خيارات خاطئة (مما أدى إلى تجويع الفلسطينيين)، على سبيل المثال عندما دعمت العراق ضد الغرب الموحد إلى جانب الكويت؛ ودعمت العراق ضد الغرب الموحد إلى جانب الكويت. لقد فقدوا سبل العيش الاقتصادية للمملكة العربية السعودية والإمارات العربية المتحدة ، فضلا عن التسبب ، كما ذكرنا سابقا ، في طرد مئات الآلاف من الفلسطينيين من الكويت. ونتيجة لذلك، انخفضت التحويلات إلى الأسر المعيشية في الأراضي المحتلة (حوالي 400 مليون دولار سنويا) إلى النصف.

الجميل، أو القبح، في كل ذلك هو أنه كان ينبغي على منظمة التحرير الفلسطينية أن تجمع كل العرب، وبدلا من ذلك طالبت الأردن وسوريا أيضا بحقوق الأراضي وارتكبتا مذابح ضد الفلسطينيين أنفسهم في عام 1970 مع أيلول الأسود وفي مايو 1983 في وادي البقاع وطرابلس.

من ناحية أخرى ، فإن حماس ، التي تأسست في 10-9 ديسمبر 1987 ، تعني حرفيا "الحماسة" و "الشجاعة" باللغة العربية وهي أيضا اختصار لحركة المقاومة الإسلامية ، أي حركة المقاومة الإسلامية. ولكن دعونا نأخذ ، تتويج الكعكة الفلسطينية ، تلك الفلورة من الهراء التي هي ميثاق حماس.

المادة 22 تهتف حول القوى التي من شأنها أن تدعم العدو التي

"كان وراء الثورة الفرنسية والثورة الروسية ، والعديد من الثورات التي سمعنا عنها ، هنا وهناك في العالم ... هذه المنظمات هي الماسونيون ونادي الروتاري ونوادي الليونز وبناي بريث وغيرها".

إذا حصلوا على حق واحد فقط! لكن قمة العبث يتم الوصول إليها عندما تؤكد هذه الوثيقة أن أعداء حماس المزعومين شكلوا

"منظمة الأمم المتحدة، مع مجلس الأمن داخل تلك المنظمة، التي تهيمن من خلالها على العالم".

على وجه التحديد تلك المنظمات التي تعاقب ، كما سنرى ـ في اتجاه واحد ـ إسرائيل بشكل حصري تقريبا.

وقبل كل شيء، فإن بعد نظر المادة 32 واضح:

"المخطط الصهيوني ليس له حدود، وبعد فلسطين سيحاول التوسع من النيل إلى الفرات".

بل على العكس تماما حدث مع انسحاب إسرائيل المستمر من المزيد والمزيد من الأراضي. الأمر ليس صعبا، يمكن لحماس أن تفعل ذلك أيضا (ربما)...

تجد حماس نشأتها في جماعة الإخوان المسلمين ، خلال الانتفاضة الأولى ، وقد احتلت المسرح بشكل متزايد في ما يسمى بالأراضي المحتلة مع إرهابيي الكاميكازي الذين يهاجمون بصرخة "الجهاد وحده هو الذي يمكن أن يحل مشكلة فلسطين" مصحوبة باقتباسات فاسدة من بروتوكولات حكماء صهيون. نقرأ في منشوراته "أصوات مخددة" وزقزقة من نوع "اليهود ، إخوة وقتلة الأنبياء".

تذكروا أن حماس سنية، لكنها مع ذلك ممولة من طهران منذ عام 1992 بميزانية قدرها 10 ملايين دولار لإذاعة وتلفزيون للتحدث إلى العالم العربي (ضد اليهود). يتم تشكيل مجندي «حماس» في معسكر تدريب الإمام علي، وكرنجي (بالقرب من قم) ومجمع بيت المقدر (الذي يقع أيضا بالقرب من قم).

حزب الله من ناحية أخرى، هو جماعة سياسية وعسكرية شيعية بحتة مع مركز ثقلها في لبنان.

انظر أيضا إلى الاختلافات الرسومية لفهم الجانب الذي يقف فيه العنف. شعار حماس يحمل سيفين، حزب الله بندقية هجومية، شعار فتح يمثل السلاح، أي بندقيتين.

وتلك الخاصة بإسرائيل؟ اثنين من غصن الزيتون.

ولكن ما الذي استطاع الفلسطينيون القيام به؟ وفي الفترة بين عامي 1968 و 1977، اختطفوا أو حاولوا اختطاف، 29 طائرة، وتميزوا بكونهم أول من هاجم الطائرات بالأسلحة الصغيرة والصواريخ، وفجر الطائرات أثناء تحليقها بواسطة صواعق قياس الارتفاع، وقتل المدنيين في غرف تسجيل الوصول والانتظار في المطارات، وخطف العديد من الرهائن واحدا تلو الآخر في الفنادق وأماكن الاجتماعات. لتسميم الطعام (البرتقال الإسرائيلي المخصص للاستهلاك الأوروبي ، على وجه الدقة).

وماذا عن "الطائرة الانتحارية المسيرة" الجديدة لحماس، وهي صاروخ كبير جديد يمكن أن يغطي 250 كيلومترا، أو حقيقة أن هؤلاء الإرهابيين تمكنوا من إطلاق ما يصل إلى 140 صاروخا في بضع دقائق لمنع القبة الحديدية، التي سنتحدث عنها قريبا، لمنعها جميعا؟ باختصار، في عام 2021، أطلقت الصواريخ على إسرائيل أكثر من 4500 صاروخ من غزة، و2 من سوريا و31 من لبنان. لحسن الحظ ، تم اعتراض 90٪ من قبل القبة الحديدية. وباستخدام صواريخ كورنيت الموجهة، تمكنوا من تدمير حافلة بداخلها مدنيون، وذبحهم. من ناحية أخرى ، يبلغ مدى عياش ، الذي تم بناؤه بمساعدة إيرانية ، 500 كيلومتر.

وتستخدم حماس ـ بشكل مخجل ـ المناطق السكنية كمعاقل، وتخفي الأسلحة في المدارس والمساجد، وتستخدم المستشفيات وسيارات الإسعاف كوسيلة نقل، وتستخدم كمفجرين انتحاريين، وتبني أنفاقا للدخول إلى إسرائيل لتنفيذ هجمات إرهابية. تم إطلاق 12,800 صاروخ باتجاه إسرائيل منذ عام 2001.

احصل على هذا ، صاروخ القسام يكلف 800 دولار لكل منهما.

ما رأي المناهضين للعسكرة ، لا إذا ، و أو لكن ، حول كل هذا؟

"عرفة [انتزاع باللغة الإيطالية]-t"، زعيم من الفساد العربي

إنها كليشيهات ، ولكن بينما يتضور الناس جوعا، يعيش القادة (الفلسطينيون)، والمقربون منهم، في ترف ويستغلون الفساد المستشري.

وبالفعل، تلقت صحيفة "الوطن" الكويتية بلاغا من فرع البنك العربي في القاهرة بأنها سجلت، في بداية حزيران/يونيو 2002، تحويل 5.1 مليون دولار من صندوق المعونة الأمريكية إلى حساب عرفات الشخصي. وكان الزعيم الفلسطيني نفسه، من بين أمور أخرى، قد استثمر مبالغ كبيرة في أسهم شركة كوكا كولا في الرملة، فضلا عن حصوله على حصة كبيرة في شركة الهاتف الخلوي التونسية، فضلا عن 15٪ من شركة الإسمنت الأردنية، وصناديق الأسهم في الولايات المتحدة وجزر كايمان. ثم أجرى صندوق النقد الدولي مراجعة للسلطة الوطنية الفلسطينية ووجد أن عرفات حول 900 مليون دولار من الأموال العامة إلى حساب مصرفي خاص يسيطر عليه رئيس السلطة الوطنية الفلسطينية وكبير المستشارين الماليين الاقتصاديين.

ما الخطأ في ذلك؟ وليس من قبيل المصادفة أن عرفات في عددها الصادر عام 2003 من مجلة فوربس الأمريكية وضع عرفات في المرتبة السادسة في ترتيب المليارديرات، في فئة "الحكام والحكام" ـ ولكي نكون واضحين، بفارق مكانين فقط عن ملكة المملكة المتحدة ـ مما منحه ثروة شخصية قدرها 300 مليون دولار. من المؤسف أنه كان هناك الكثير ، أكثر

بكثير (على الأقل مليار دولار). ومن بين هؤلاء، ثلث هذه المجموعات، نقدا، منتشرة بين جنيف وقبرص وبيروت ودبي وتونس وعمان.

وندد رئيس التحقيقات في السلطة الوطنية الفلسطينية بما يلي:

"على الرغم من أن أموال المحفظة تأتي من الأموال العامة مثل الضرائب الفلسطينية، إلا أن أيا منها لم يستخدم تقريبا للشعب الفلسطيني. كان كل شيء تحت سيطرة عرفات. ولم يتم نشر أي من هذه التقارير على الملأ".

كما وزع رئيس منظمة التحرير الفلسطينية أموالا على كبار مسؤولي السلطة الوطنية الفلسطينية لتلبية الاحتياجات الشخصية، بما في ذلك 50 ألف دولار لحفل زفاف ابنة الوزير نبيل عمار، ومضاعفة نفقات معيشة نجل الوزير نبيل شعث الذي كان يدرس في فرنسا، و100 ألف دولار لنائب رئيس حقيبة المعلومات لبناء منزل. ونؤكد أنها كانت مساعدات أجنبية مباشرة للفلسطينيين المحتاجين.

أكد الروماني 007 المذكور سابقا أنه أرسل باستمرار إلى عرفات حوالي 200000 دولار نقدا ـ كل شهر ـ في سبعينيات القرن العشرين. كما أرسلت طائرتي شحن إلى بيروت كل أسبوع، محملتين بالزي الرسمي والإمدادات.

في عام 2004 تلقت سهى، زوجة عرفات، من السلطة الوطنية الفلسطينية ـ مقابل تعاونها في التحقيق الذي فتح ضد زوجها ـ معاشا معقولا جدا و22 مليون دولار.

قليلا... الأكثر رصانة هو الرجل الذي يرتدي حذاء بقيمة 25000 دولار ، أبو مازن. انظر فقط إلى طائرته التي تبلغ قيمتها 50،000،000 دولار والتي تم شراؤها بتمويل من السلطة الوطنية الفلسطينية ، والقصر نفسه الذي تبلغ تكلفته 17 مليون دولار. يمتلك محمود عباس أكثر من مليار دولار من الأصول، وبالتالي من المفهوم لماذا تمكن من إقناع ناخبيه بالتصويت لدرجة أن ولايته التي استمرت 4 سنوات استمرت 17 حتى مارس 2022!

والآخرون؟ ربما أسوأ من ذلك. أكمل أبو العلاء بناء فيلا في أريحا بتكلفة 1.5 مليون دولار. كما يظهر إيصال حصلت عليه صحيفة جيروزاليم بوست أن وزير خارجية السلطة الوطنية الفلسطينية رياض المالكي ورئيس جهاز المخابرات العامة ماجد فرج أقاموا في فندق فور سيزونز في بالتيمور في مارس 2018 ، وحصلوا على فاتورة قدرها 14,250 دولارا. تمت تغطية مشروع القانون بأكمله من قبل وفد منظمة التحرير الفلسطينية إلى الولايات المتحدة. من بين نفقات فرج 900 دولار في "تكاليف متنوعة" (من يدري ما هي...)، بالإضافة إلى العديد من وجبات خدمة الغرف، بما في ذلك 140 دولارا في وجبة الإفطار، ووجبة خفيفة في وقت متأخر من الليل ـ يتم إحضارها دائما إلى غرفته ـ بتكلفة 91 دولارا. كم كان جائعا!

في يوليو 2014، استنكرت مجلة روز اليوسف المصرية أن رئيس الوزراء السابق إسماعيل هنية من حماس، المولود في مخيم الشاطئ للاجئين، دفع أربعة ملايين دولار مقابل منزل مساحته 2500 متر مربع في رمال، وهو حي فاخر على شاطئ البحر في مدينة غزة؛ ومن أجل عدم لفت الانتباه، تم تنفيذ العمليات من قبل فرد آخر من العائلة. غير أن ابنا آخر له أوقف في رفح وبحوزته حقيبة تحتوي على مليون دولار نقدا. مؤسس آخر لحماس، لا يدخر أي نفقات عندما يتعلق الأمر بنمط حياته، هو أيمن طه: في عام 2011 تمكن من شراء فيلا من ثلاثة طوابق في وسط غزة مقابل 700,000 دولار.

الهجوم الإعلامي على هذه القضايا لحماس جاء ، من قبيل الصدفة ، بالتأكيد ليس من وسائل الإعلام الغربية ، ولكن من كاتب العمود المصري جليد مشعل:

"اخرج من فندقك في قطر وتعال وقاتل في غزة".

وأضاف:

"سنتضور جوعا بينما تتذوق مباهج الطاولات في الدوحة".

وفي مقال بعنوان "غزة ليست حماس"، نشرته صحيفة الجمهورية الشهيرة، وصفت المحللة نجلاء السيد حماس، بسبب الفساد أيضا، بأنها "حركة فاشلة من الأغبياء".

ولهذا السبب أيضا تظهر استطلاعات كانون الأول/ديسمبر 2020، على سبيل المثال، أن 86 في المائة يعتقدون أن مؤسسات السلطة الوطنية الفلسطينية فاسدة وأن الغالبية العظمى (66 في المائة) من الفلسطينيين يريدون تنحي عباس.

كل هذا بينما يموت الشعب الفلسطيني العادي من الجوع أو نقص الرعاية؛ إنه لأمر مأساوي كيف أن توقيع الطبيب، أو السلطات الصحية بشكل عام، هو أثمن سلعة في الضفة الغربية وقطاع غزة. يسمح هذا التوقيع للمرضى بالحصول على رعاية طبية مجانية في إسرائيل ودول أخرى. وإلا يمكن للمرضى الفلسطينيين الحصول على هذه التصاريح، لتلقي العلاج الطبي في إسرائيل وفي المستشفيات في جميع أنحاء العالم، فقط عن طريق دفع رشاوى لكبار المسؤولين الفلسطينيين في الضفة الغربية وقطاع غزة. وأولئك الذين لا يستطيعون تحمل تكاليف ذلك يتركون ليموتوا في مستشفيات سيئة التجهيز وتعاني من نقص الموظفين، ولا سيما في قطاع غزة.

علاوة على ذلك، يبدو أن أكثر من 70٪ من حالات النقل في المستشفيات الإسرائيلية (والخارج) لم يتم توثيقها مطلقا وليس من الواضح كيف وأين تم إنفاق الأموال. على سبيل المثال، أنفقت السلطة الوطنية الفلسطينية في عام 2013 أكثر من نصف مليار شيكل لتغطية التكاليف الطبية للفلسطينيين الذين تم نقلهم إلى مستشفيات خارج الأراضي الفلسطينية، ولكن دون أي أثر لكيفية إنفاقها ومن أنفقها. وتزعم السلطة الوطنية الفلسطينية أن أكثر من

54,000 فلسطيني من غزة نقلوا إلى مستشفيات خارج قطاع غزة في عام 2014؛ ولكن السلطات الصحية في غزة تقول مرة أخرى إنها على علم بـ 16,382 حالة فقط من المرضى الذين حصلوا على مثل هذه التصاريح.

نشر الائتلاف الفلسطيني من أجل النزاهة والمساءلة (أمان)، وهو مجموعة فلسطينية ناشطة في مجال الديمقراطية وحقوق الإنسان والحكم الرشيد وبالتالي ضد الفساد، تقريرا يؤكد التناقضات في تكاليف الرعاية الطبية في إسرائيل (والمستشفيات الأخرى) والنفقات الفعلية. فعلى سبيل المثال، تبين في إحدى الحالات أن 113 مريضا فلسطينيا قد أدخلوا المستشفيات الإسرائيلية بتكلفة قدرها 3 ملايين شيكل، دون أي وثائق تثبت ذلك. ومرة أخرى، لم تكن هوية المرضى معروفة. في بعض الحالات، ووفقا للتقرير مرة أخرى، كان من الممكن أن يتلقى المرضى العلاج الطبي في الموقع دون الاضطرار إلى تحمل التكاليف الباهظة للنقل إلى مستشفيات أخرى.

ووصفت نجاة أبو بكر، عضو المجلس التشريعي الفلسطيني الذي ينتمي إلى حركة فتح، فصيل رئيس السلطة الوطنية الفلسطينية محمود عباس، الفساد داخل دائرة السلطة الوطنية الفلسطينية، المسؤولة عن نقل المرضى إلى الخارج، بأنها "جهاز مافيا تقوده شخصيات نافذة". وأخيرا، اتهم أبو بكر الوزارة باستغلال سكان قطاع غزة المعوزين وإهدار المال العام.

ما لا تريده السلطة الوطنية الفلسطينية لهؤلاء المواطنين الفلسطينيين هو ما فعلته إسرائيل، التي عالجت ليس فقط جميع السوريين الذين جرحهم الأسد في المستشفيات الإسرائيلية أو المرضى في غزة ولكن أيضا نفس عائلات الأشخاص الذين لا يمكن تصورهم.

خلال الانتفاضة، عندما قتلت حماس مدنيين إسرائيليين بالمئات، خضعت ابنة وزير داخلية حماس إلهام فتحي حماد البالغة من العمر ثلاث سنوات لعملية جراحية فاشلة في القلب في عمان في عام 2012: تم نقلها إلى مستشفى برزيلازي في عسقلان في حالة خطيرة، وتمكن الأطباء من إنقاذها. وفي تشرين الثاني/نوفمبر 2013، طبقت المعاملة الإسرائيلية نفسها على حفيدة إسماعيل هنية، زعيم حماس، البالغة من العمر 17 عاما. في الواقع، نقلت أمل هنية إلى مستشفى إسرائيلي بسبب التهاب خطير في الجهاز الهضمي هاجم جهازها العصبي، وتم القيام بكل ما هو ممكن لإنقاذها. ولكن أيضا ابنة إسماعيل هنية البالغة من العمر 13 عاما عولجت في مستشفى في تل أبيب في أكتوبر، بعد أسابيع قليلة من انتهاء الصراع في صيف عام 2014، من مضاعفات أعقبت عملية روتينية في غزة. حتى زوجة أبو مازن خضعت لعملية جراحية ـ وهي محقة في ذلك ـ بقفازات مخملية، في تناقض صارخ مع قوله إن الإسرائيليين قتلة. حتى أنهم لا يصدقون ما يقولون.

مثال سيعطي فكرة عن ماهية إسرائيل. خلال الانتفاضة الثانية، أمر أرييه إلداد، الذي كان آنذاك طبيب أمراض جلدية شهيرا ولاحقا عضوا في الكنيست عن حزب يميني، عندما تم إحضار إرهابي شاب أصيب بحروق شديدة في هجوم إلى المستشفى، بعلاجه بعمليات زرع جلد مستمرة لفترة طويلة. عندما طلبت منه إدارة المستشفى إنهاء علاجه، حمل إلداد سريره إلى مكتب المدير وهدد بالاعتصام.

يحدث هذا ، وليس دائما ، فقط في الديمقراطيات (الحقيقية).

الفصل 4 ـ الدفاع الشرعي

إسرائيلي ، هيا ... اقتل نفسك!

كيف ترد إسرائيل على كل هذه الكراهية؟ مع القطع الناقص الذهبي ل Kippat barzel ، أو ما يسمى بالقبة الحديدية التي تم إنشاؤها منذ عام 2007 ؛ نظام دفاعي متطور للغاية يحمي المدنيين الإسرائيليين بشكل فعال.

على عكس حماس، عندما يرد الجيش الإسرائيلي على الهجمات الفلسطينية، فإنه يستدعي المنازل بشكل استباقي ويرسل رسائل نصية عندما تكون الصواريخ على وشك الوصول، ويلقي "قنابل تحذيرية" ومنشورات، وكذلك يرسل رسائل باللغة العربية؛ حتى أنه لا يفشل في إجهاض الهجمات إذا لاحظ وجود مدنيين في الجوار، على الرغم من أن طائرة إسرائيلية تخاطر بإسقاطها من قبل الأهداف بسبب هذا الدفاع المحذوف. ومع ذلك، يتم استخدام طرق الأسطح، أي صاروخ تحذيري غير ضار ولكنه صاخب للغاية، من أجل السماح ـ في انتظار الصواريخ الحقيقية ـ بإبعاد المدنيين. وعلى أي حال، فإن الردود الإسرائيلية تحاول دائما أن تكون جراحية.

ثم هناك الرعاية الصحية، من خلال تقديم الأدوية والمعدات الطبية للمرضى والجرحى الفلسطينيين للنظير الفلسطيني، لكن الفصل العنصري الفلسطيني... ضد الحضارة غالبا ما يرفضهم. وقد وفر الصليب الأحمر الإسرائيلي أكياسا تحتوي على الدم والبلازما، لكن حماس، مرة أخرى دون خجل، قالت لا.

على أي حال، في عام 2020 وحده، تمكنت إسرائيل أخيرا من نقل (بما في ذلك مواد من المنظمات الدولية) 110 جهاز تنفس، و 170 مراقبا، و 109 مولدات أكسجين، و 87 سريرا للعناية المركزة، و 86 سريرا في المستشفيات، و 2,313,050 قناعا جراحيا، و 312,724 قناع N95، و 6,967,823 قفازات جراحية، و 248,544 مجموعة PCR و 244,500 مجموعة اختبار أخرى.

وقد أقام الجيش الإسرائيلي مستشفيات ميدانية على الحدود مع القطاع، حيث يمكن علاج الجرحى الفلسطينيين في غضون 48 ساعة فقط. كما استقبلت مئات المرضى الفلسطينيين بسيارات الإسعاف إلى مستشفياتها لتلقي العلاج الطبي. ولنأخذ في الاعتبار أنه عندما كان الجيش الإسرائيلي منخرطا بشدة في طرد الإرهابيين في مخيم جنين للاجئين، ظل المستشفى على قدم وساق بواسطة مولد كهربائي أحضره ضابط إسرائيلي شخصيا على عجل، تحت نيران العدو، وعرض حياته للخطر. وقد يسر الإسرائيليون أنفسهم مرور المواد اللازمة لبناء مستشفى في قلقيلية أو الأغذية والأدوية لبيت لحم أو مواسي وخان يونس؛ حتى أنهم ساعدوا في تسليم البطاقات التموينية، التي أرسلتها منظمة خيرية دولية،

إلى سكان عزون أو الصليب الأحمر في سلفيت. فعلى سبيل المثال، سهلت أيضا المرور الآمن إلى قلقيلية لأسرة عربية إسرائيلية بأكملها من القدس الشرقية اضطرت إلى حضور حفل زفاف ابنها.

وكيف يمكن الرد على الشعار الفلسطيني، الذي تنشره وسائل الإعلام في جميع أنحاء العالم، بشأن استخدام إسرائيل للقوة "غير المتناسبة"؟ كم هو لطيف ، هؤلاء المحترفون في "الأخبار" المنفصلون عن الحقائق يفشلون في القول إنه عند البحث عن "التناسب" في قانون الحرب، لا يتعلق الأمر بعدد الضحايا ، بل بالقيمة العسكرية للهدف. وبطبيعة الحال، يحدث أن الإسرائيليين يسقطون ضحايا أكثر من أعدائهم، ولكن هذا أمر مشروع وطبيعي في بعض الحالات. سنشرح لماذا. إذا كان الهدف يخفي مزالق كبيرة، لتجنب موت المدنيين الذين أحميهم، فأنا مخول ـ بموجب القوانين المعمول بها ـ بضربه حتى لو كان سيتسبب في وقوع ضحايا لمدنيين آخرين بدورهم. دعونا نقرأ ما تنص عليه في الواقع المادة 51 من البروتوكول الأول لاتفاقية جنيف لعام 1977: وفقا لهذا الحكم ، فقط

"يعتبر الهجوم الذي يتوقع أن يسفر عن خسائر في أرواح المدنيين أو إصابتهم أو إلحاق أضرار بالأهداف المدنية أو أي مزيج من ذلك، مفرطا مقارنة بالميزة العسكرية الفعلية والمباشرة المتوقعة".

أو أيها السادة، هل ينبغي لإسرائيل أن تسمح بقتل مواطنيها لحماية أرواح الفلسطينيين؟ أو عندما يفجر إرهابيون فلسطينيون مركزا تجاريا في إسرائيل، مع مئات ومئات الضحايا، هل ينبغي للإسرائيليين أن يقلدوهم، باستخدام القوة "المتناسبة"، في مركز تسوق فلسطيني؟!؟

حسنا، من الجيد أن نعرف أنه عندما يهاجم الحشد الشرطة الإسرائيلية والجنود، فإن هؤلاء ـ على الأكثر ـ مخولون بموجب القوانين الداخلية المعمول بها بإطلاق الرصاص المطاطي، وفقط عندما يكون هناك خطر على الحياة، الرصاص الحقيقي. كل هذا بينما يستخدم الفلسطينيون قذائف الهاون والصواريخ المضادة للدبابات على الرغم من أنه وفقا لاتفاقات أوسلو، فإن الأسلحة الوحيدة المسموح بها في المناطق الخاضعة للسيطرة الفلسطينية هي المسدسات والبنادق والمدافع الرشاشة التي، بالمناسبة، لا يمكن حملها إلا من قبل ضباط الأمن.

لذلك تبذل إسرائيل كل ما في وسعها لإقامة منطقة عازلة على حدودها، أيضا لأن أكثر من مليوني عربي موجودون في الضفة الغربية، موزعين على المدن ومخيمات اللاجئين؛ بالقرب من تل أبيب والقدس. طائرة تقلع من مطار في عمان تصل إلى القدس خلال دقيقتين ونصف!

منذ التسعينيات ، كان على الدولة حماية المنازل والمدارس ومحطات الحافلات بدروع خرسانية ثقيلة وغرف معززة ؛ أعطت العائلات مجموعة أدوات مضادة للصواريخ كهدية ، كتيب كبير يتم فيه إعطاء تعليمات عملية ونفسية حول كيفية التصرف في حالة وقوع هجوم صاروخي. كما تم بناء ملاجئ في المناطق القريبة من الحدود مع القطاع والتي حالت دون قتل السكان على يد حماس؛ كلفت الخطة بأكملها بضعة مليارات من الدولارات لكنها كانت تستحق العناء.

ويبدو أننا نعيش اليوم في مفارقة مفادها أن إسرائيل ستكون "مذنبة" بالدفاع عن السكان المدنيين، كما تقتضي المعايير الدولية، في حين أن حماس ستكون "ضحية" بانتهاك تلك القوانين نفسها.

من الواضح للجميع باستثناء المناهضين لإسرائيل في جميع أنحاء العالم أن حماس لا تهتم بحياة الفلسطينيين؛ منذ عام 2007 في غزة وهي تحمي نفسها ـ المعروفة ـ بجثث المدنيين الأبرياء. وسبق لوزير الداخلية (المستقبلي) فتحي حماد أن اعترف في 29 فبراير/شباط 2008 بأن أغلب القتلى في القتال كانوا إرهابيين وليسوا متفرجين، وأن حماس استخدمت المدنيين كدروع بشرية.

والواقع أن المنظمة الإرهابية تضع بجبن هياكلها العسكرية ومنصات إطلاقها ومستودعات صواريخها ومراكز قيادتها على وجه التحديد في أكثر المناطق كثافة سكانية، وهي جريمة حرب حقيقية لأنها بهذه الطريقة تعرض المدنيين للخطر.

دعونا نقرأ مرة أخرى ما تنص عليه اتفاقية جنيف الرابعة في المادة 28:

"لا يمكن استخدام وجود المدنيين لجعل أماكن أو مناطق معينة في مأمن من العمليات العسكرية".

ومرة أخرى، تؤكد المادة 58 من البروتوكول 1 لاتفاقية جنيف لعام 1977، التي وقعتها أيضا السلطة الوطنية الفلسطينية، على وجوب إبعاد المدنيين عن الأهداف العسكرية، أو ترحيلهم من المناطق المكتظة بالسكان.

والأسطورة القائلة بأن حماس لا تستطيع القيام بذلك بالنظر إلى أن قطاع غزة مزدحم للغاية ليست صحيحة حتى، على الرغم من أن النظام الكاذب يحاول إعادة إطلاقه عند كل منعطف. بصرف النظر عن حقيقة أنه ثبت علميا أنه من الخطأ أن تلك المنطقة هي واحدة من أكثر المناطق كثافة سكانية على هذا الكوكب ، فإن المساحة موجودة ، على سبيل المثال ، مثل العديد من المناطق التي كانت توجد فيها مستوطنات يهودية.

من بين أمور أخرى، نتذكر أنه بعد أوسلو، نقلت إسرائيل كل السلطة المدنية تقريبا إلى السلطة الوطنية الفلسطينية، أي 98% من السكان الفلسطينيين في الضفة الغربية وغزة.

ومن ثم فإن المشكلة ، مرة أخرى ، خاطئة وخادعة. مع "مرادف جديد" يمكننا القول إنها مشكلة "فلسطينية" ...

"جدار" من الباطل

دعونا أيضا نهدم "جدار" قصة أخرى ، ماذا عنها؟ وقد بدأت حكومة شارون، منذ صيف عام 2002، في بناء جدار فاصل مع الضفة الغربية لمنع الهجمات الإرهابية. والواقع أنه بين عامي 2000 و 2005، أصيبت الحافلات والمسارح والمطاعم ومطاعم البيتزا ومراكز التسوق، مما تسبب في مقتل 1400 مدني وأكثر من 6000 جريح. ثم اضطر العديد من هؤلاء إلى المعاناة من إعاقة خطيرة لأنهم احترقوا في كل مكان ، أو تركوا بدون أطراف أو أصيبوا بمرض عقلي. ومدينة قلقيلية في فلسطين، على بعد 15 كيلومترا من تل أبيب، والتي استخدمها الإرهابيون الانتحاريون في هجماتهم البائسة. مع ما يسمى ب "الجدار" كان هناك ، على العكس من ذلك ، انخفاض يصل إلى 99 ٪ من أعمال العنف. لكن دعونا نتحقق مما إذا كان ما يروى بإجماع مخجل صحيحا.

من الخطأ أنه جدار إسمنتي بالكامل (يتراوح ارتفاعه من 4 إلى 8 أمتار) ، بل على العكس من ذلك ، فهو موجود فقط في المناطق الأكثر خطورة على الحدود بين إسرائيل والمناطق (حوالي 10٪) ، أو في الامتدادات التي تحد الشوارع حيث أطلق القناصة الفلسطينيون النار على السيارات المارة. وبالتالي، فإن ال 90٪ المتبقية من السياج الأمني ليست حتى، كما ستفعل المعلومات المضللة، حاجزا مكهربا، بل شبكة حماية على شكل أفعواني، حاجز معدني مجهز بأجهزة استشعار إلكترونية تشير إلى أي محاولات اقتحام.

وبالمناسبة، فإنه يمنع المرء من دخول (إسرائيل)، وعدم الخروج من (الأراضي الفلسطينية). وبطبيعة الحال، عندما أدرك أن الجدار يشمل، أو يعزل في مساره، ما بين 7٪ و11٪ من الأراضي العربية، كما يحدث في الديمقراطيات الكاملة، تدخلت المحكمة العليا الإسرائيلية عدة مرات لمعالجته؛ ومن الواضح أن الجدار لا يزال قائما على الوفاق والسيطرة على الجدار. على سبيل المثال في يونيو 2004 تم نقله أقرب إلى حدود وقف إطلاق النار لعام 1967. وعلاوة على ذلك، قدم الفلسطينيون أنفسهم التماسات إلى المحكمة العليا، دون أن يكونوا حتى مواطنين إسرائيليين، وبالتالي يحق لهم الحصول على هذا الحق، وتم الاستماع إليهم، للحصول على تعديل المحيط في منطقة قريبة من القدس. مع مرور الوقت، ومع التغييرات التي طرأت على السياج ضم 7٪ فقط من الضفة الغربية في الجانب الإسرائيلي، بحيث أن حوالي 99٪ من الفلسطينيين في تلك المناطق هم في الجانب الفلسطيني من الحماية. هذا من أجل حماية قراهم وعلى أي حال ، فليكن واضحا ، تظل الأرض ملكا للمالكين. يتم استخدامه فقط لأغراض الأمن العسكري. ومن الواضح أن بإمكانه دائما اتخاذ إجراءات قانونية، وإسرائيل تبذل كل ما في وسعها لضمان أن

يتمكن المزارعون من مواصلة زراعة أراضيهم المعنية، فضلا عن ضمان المرور الآمن للأشخاص والبضائع. علاوة على ذلك ، سيتم إعادة زراعة الأشجار وإعادة تخصيصها ، كما حدث بالفعل مع 60000 شجرة زيتون. ومن البديهي أنه عندما يتم التوصل إلى اتفاق نهائي، سيتم هدم الجدار على الفور (كما أعلنت دولة إسرائيل دائما).

ومع ذلك، ضع في اعتبارك أن كل هذه الاحتياطات لا لزوم لها لأن الخط الذي يفصل الضفة الغربية وغزة وإسرائيل (ما يسمى بالخط الأخضر) ليس سوى خط وقف إطلاق النار الذي أقرته هدنة رودس، التي وقعتها إسرائيل في عام 1949 مع الأردن ومصر، لكنها ليست حدودا معترف بها دوليا وبالتالي ملزمة.

يا لها من فضيحة أرادها الإسرائيليون، أليس كذلك؟ وماذا عن تلك ـ الحقيقية ـ بين تايلاند وماليزيا في عام 2006 ، وتلك بين أوزبكستان وطاجيكستان، المجهزة بأجهزة استشعار ومراقبة بالفيديو ، وكذلك تلك الموجودة بين أوزبكستان وقيرغيزستان منذ خريف عام 1999 والسياج المكهرب مع زيمبابوي بتكليف من بوتسوانا في عام 2003؟

كن صبورا ولكن قائمة الجدران ـ الحقيقية ـ طويلة جدا. هناك في الواقع ما يسمى بجدار الروهينجا ، وهو سياج من الأسلاك الشائكة على طول الحدود مع بنغلاديش أكملت ميانمار تقريبا. إذا كنت تريد أن تكون لديك فكرة كاملة ، يمكنني أن أخبرك أنه يوجد اليوم حوالي 70 دولة في العالم تبني أو بنت جدرانا وحواجز دفاعية. نواصل القائمة ، ونسيء استخدام صبرك.

لقد روجت الهند لجدار مع باكستان (ما يسمى بخط السيطرة) ، على بعد 1800 ميل في إقليم كشمير المتنازع عليه ، وآخر مع بنغلاديش منذ عام 1989 ؛ ثم لا يزال هناك جدار ، منذ سبتمبر 2005 ، في باكستان لمنع تسلل طالبان والقاعدة من أفغانستان (ما يسمى خط دوراند).

غير معروف هو الجدار الأمني في كيبيك ، وهو حاجز يبلغ طوله حوالي 4 كيلومترات من الخرسانة والأسلاك الشائكة والصفائح المعدنية ، تم بناؤه في عام 2001 لقمة الأمريكتين. ومع ذلك ، فإن سبتة ومليلية معروفان ، منذ عام 1990 ، جيبان إسبانيان في الأراضي المغربية مع سياجين مكهربين من الأسلاك الشائكة ، بطول 8 كم و 12 كم على التوالي. هذان صفان منفصلان من الأسوار يوجد في كل منهما طريق يتم حراسته ليلا ونهارا وتحميه أجهزة استشعار إلكترونية خاصة وكاميرات تعمل بالأشعة تحت الحمراء. هاتان الشبكتان تعزلان كل من المدينتين وتفصلهما فعليا عن بقية المغرب. في المقابل، قام المغرب، الذي لا ينبغي التفوق عليه، ببناء جدار الصحراء الغربية، المعروف أيضا بمصطلح الساتر الترابي. هذا الحاجز، الذي اكتمل في عام 1987 وطوله 2700 كم، عبارة عن مجموعة من ثمانية جدران دفاعية، تتكون من مخابئ وخنادق وحجارة ورمل وأسلاك

شائكة وأطول حقل ألغام مستمر في العالم مع حوالي 6000 لغم مضاد للأفراد. إنه أكبر جدار دفاعي بعد سور الصين العظيم. وفي عام 2014، بدأ المغرب أيضا في بناء واحدة مع الجزائر. كما أن الجدار بين كوريا الشمالية وكوريا الجنوبية (يسمى الحاجز الموازي 38) معروف جيدا.

أوروبا لا تختلف. في أيرلندا المتحضرة للغاية ، تظهر حواجز بلفاست بوضوح ، في الطوب والحديد والصلب ، لفصل الأحياء الكاثوليكية عن أحياء البروتستانت (ما يسمى بخطوط السلام). وقبرص؟ في عام 1974 تم تقسيمها إلى قسمين ، بعد الغزو التركي ، مع جدار بطول 180 كم يقسمها من الشرق إلى الغرب. ولكن تم أيضا الانتهاء من بناء حاجز بطول 40 كيلومترا بين اليونان وتركيا لمنع وصول المهاجرين غير الشرعيين ، وخاصة من أفغانستان. حتى غرب هولندا أقام سياجا حول هوك فان هولاند بهدف منع المهاجرين غير الشرعيين من مغادرة منطقة الميناء تلك. يتكون الجدار ضد المهاجرين غير الشرعيين بين بلغاريا وتركيا ، الذي بدأ في عام 2014 ، من سياج معدني بطول 30 كم مع أسلاك شائكة وكاميرات لمواجهة الهجرة غير الشرعية إلى بلغاريا ، على الحدود مع تركيا (تم بناؤه بتمويل من الاتحاد الأوروبي). وبدلا من ذلك، تم التخطيط لبناء حاجز جديد، يبلغ طوله حوالي ألفي كيلومتر، في أوكرانيا في عام 2014 حيث قدم الأوليغارشي إيغور كولوموييسكي، حاكم منطقة دنيبروبتروفسك، بالفعل مشروعا ـ كان سيتم تمويله من قبل رجل الأعمال نفسه ـ للحد من دخول رجال الميليشيات الانفصالية الموالية لروسيا في شرق أوكرانيا. ما مدى حداثة هذه الأخبار ... وماذا عن المجر التي أرادت جدارا بارتفاع 4 أمتار وطول 175 كم ضد اللاجئين والمهاجرين الفارين من شرق وجنوب العالم؟

وفي المناطق العربية؟ أقام العراق واحدة مع سوريا من 7. 1 طن من الخرسانة في أقسام بارتفاع 12 قدما ؛ أقامت مصر جدارا عاليا، بأسلاك شائكة وخندق مملوء بالمياه، ضد "الأشقاء" الفلسطينيين في غزة، لمنع دخولهم. ثم هناك عام 1991 بين العراق والكويت. في نفس المنطقة هناك جدار بغداد، الذي كان مطلوبا في اليوم التالي لسقوط نظام صدام حسين من قبل الجيش الأمريكي في منطقة مدينة الصدر ، مما أدى فعليا إلى فصل الحي الشيعي عن بقية المدينة. ثم هناك أيضا مشروع مؤرخ في عام 2006 في إيران، بالتعاون مع تركيا، وبدأ بناء جدار على طول حدود حاجي عمران، على الحدود مع العراق، بهدف منع التوغلات الكردية في الأراضي الإيرانية. وهل تعلم عن الجدار الإيراني الباكستاني لعام 2007 الذي تم بناؤه بطول 700 كيلومتر لحماية الحدود من تسلل تجار المخدرات الباكستانيين والجماعات السنية المسلحة؟ لا ينبغي التفوق على جدار المملكة العربية السعودية مع اليمن (بسبب الحرب الأهلية) ، وداخل سوريا نفسها هناك جدران. بنى السعوديون واحدة مع العراق في عام 2006. أقامت تركيا واحدة في محافظة اسكندرون الجنوبية التي كانت رسميا في سوريا: وبالتالي فهي منطقة متنازع عليها. ومرة أخرى ، كانت الإمارات العربية المتحدة في عام 2022 تستعد لرفع الجدار مع عمان الفقيرة للغاية.

وتفعل تونس الشيء نفسه من خلال بناء جدار مع ليبيا بعد هجوم على فندق ساحلي قتل فيه 38 سائحا أجنبيا.

ومرة أخرى ، هناك الجدار المعروف بين الولايات المتحدة الأمريكية والمكسيك: 3169 كم بين المحيط الهادئ وخليج المكسيك لأغراض مناهضة الهجرة. من أراد ذلك؟ الديمقراطي وليام (بيل) كلينتون. حاجز ريو دي جانيرو لعام 2008 مخجل ، جدار يزيد طوله عن 11 كم وارتفاعه 3 أمتار حول بعض الأحياء الفقيرة في المدينة. على غرار جدار بوينس آيرس لعام 2009 ، وهو سياج يبلغ ارتفاعه 3 أمتار لفصل أحياء الأغنياء عن أحياء الفقراء في مقاطعة سان إيسيدرو.

مندهش؟ الآن سوف تفهمون كم يبدو من السخف حقا تحدي إسرائيل التي تستخدم جدارا ـ وهو ، علاوة على ذلك ، ليس كذلك بالنسبة لـ 90٪ من طوله ـ بالتأكيد ليس لأغراض مخزية وإقليمية مناهضة للهجرة ، ولكن فقط لأسباب أمنية ضد الهجمات والإرهاب.

حتى الأمم المتحدة بعد هجوم مميت على مكاتبها في بغداد، لم تتردد في إقامة سياج أمني بقيمة 21 مليون دولار حول مقرها في نيويورك. نعم ، بالضبط أولئك الذين يتخبطون ـ شارع باتجاه واحد ـ إسرائيل في كل قطاع من قطاعات الوعي البشري والجرم السماوي الرائع.

وأخيرا، اسمحوا لي أن أكسر جدارا، هذه المرة من الصمت والقانونية، فيما يتعلق بدعوى قضائية مثيرة للجدل. في 11 أيار / مايو 2022 قتلت شيرين أبو عاقلة، مراسلة قناة الجزيرة في جنين، خلال تبادل لإطلاق النار بين إرهابيين فلسطينيين والجيش الإسرائيلي. وفقا لشبكة CNN التي لا توصف ، تليها عن كثب صحيفة نيويورك تايمز التي لا مفر منها ، فإن الرصاصة ستكون بلا شك إسرائيلية وكل هذا على الرغم من حقيقة أنه ليس من الواضح حتى ما إذا كان قد تم إجراء تشريح بالفعل على جسد المرأة المسكينة. واختبار المقذوفات على الرصاصة ، بالنظر إلى أن كلا من الجيش الإسرائيلي والإرهابيين يستخدمون M16s؟

بعد كل أنواع الأعذار التي تم اختراعها بشكل مخصص ، لم يستطع الفلسطينيون إلا أن يسلموها ، على مضض ، إلى اللفتنانت جنرال الأمريكي مايكل ر. Fenzel (متورط بالنظر إلى أن الضحية كان أيضا مواطنا أمريكيا) ؛ ربما خوفا من ظهور الحقيقة ، قدموا الرصاصة في حالة متدهورة لدرجة أن أي شخص يفهم المقذوفات يعرف أنها ستكون عديمة الفائدة تماما في أي تحقيق. وقال ابن شقيق شيرين، فيكتور أبو عاقلة، في مؤتمر صحفي في مبنى الكابيتول الأمريكي: "نريد أن نعرف من ضغط على الزناد ولماذا". وهم أيضا يعلمون أنه لا يوجد يقين حتى الآن، على الرغم مما يكتبه المصابون بـ "التهاب فلسطين" أو حساب الاحتمالات الذي أجراه الجيش الإسرائيلي في 09.05.2022.

عملت أبو عاقلة في المنطقة لأكثر من 20 عاما دون أن تتعرض لشعرة أو شعرها أو غيرها من "الصحفيين المناهضين لإسرائيل".

لكن بالنسبة لجلادي وسائل الإعلام في الليل (والنهار) فإن هذا (دائما) خطأ إسرائيل. بدون دليل.

الفصل 5 ــ الديمقراطية الوحيدة في الشرق الأوسط

مناهضة العنصرية صنع في إسرائيل

"نمد يدنا إلى جميع الدول المجاورة وشعوبها في عرض للسلام وحسن الجوار، ونناشدها إقامة روابط التعاون والمساعدة المتبادلة مع الشعب اليهودي الجالس على أرضه من أجل الصالح العام للجميع".

ما هذا؟ إنه النص الرسمي لإعلان دستور دولة إسرائيل (بين الأعراق والأديان والحرة والديمقراطية). حوالي 21 في المائة من مواطني إسرائيل الذين يزيد عددهم عن تسعة ملايين نسمة هم من العرب. الغالبية العظمى من هؤلاء ــ حوالي 83٪ ــ مسلمون و 9٪ دروز و 8٪ مسيحيون. وبشكل أكثر تحديدا، يأتي شعب إسرائيل من أكثر من 100 دولة (أيضا البهائية والشركس والجماعات العرقية الأخرى). حوالي نصف السكان لديهم أصول في أفريقيا والشرق الأوسط وآسيا.

على المستوى الوطني، ما يقرب من 20٪ من طلاب الجامعات، و 35٪ من الصيادلة هم من العرب، وكذلك العديد منهم بشكل عام في وضع جيد في القضاء أو في المهن الصحية (نحن نتحدث عن 12.5٪ من الأطباء و 11.3٪ من الممرضين).

غالبا ما يكون أشهر الطهاة في المطاعم ذات النجوم من الفلسطينيين. سامي التميمي نفسه ، أحد أشهر الطهاة في العالم (يعمل حاليا في لندن مع يوتام أوتولينجي الإسرائيلي وكتبوا معا كتاب الطبخ الأكثر مبيعا القدس) كان الشيف التنفيذي لمطعم ليليث في تل أبيب. كما كان العرب سفراء (في فنلندا علي يحيى في عام 1995) أو نائب رئيس بلدية تل أبيب.

أكثر من 300,000 طفل عربي يذهبون إلى المدارس الإسرائيلية. لم تكن هناك مدرسة ثانوية في وقت تأسيس إسرائيل، ولكن الآن هناك المئات من المدارس العربية مع نظام مدارس اللغات الخاصة بها. يدير العرب جميع بلدياتهم ومدارسهم ومحاكمهم الدينية.

في إسرائيل هناك مكان للجميع: للدكتورة سهير أسدي، أول امرأة مسلمة ترأس جناحا في مستشفى في إسرائيل أو لزميلتها رانيا الحاطيف، أول امرأة عربية تصبح جراحة تجميل. كابتن كرة القدم من هبوعيل تل أبيب؟ عربي. بل إن المجالي الوهابي، من الطائفة الدرزية، كان "الرئيس بالوكالة" لإسرائيل بسبب العجز المؤقت لرئيس الدولة الحالي. في عام 2022 ، ولأول مرة ، تم تعيين قاض مسلم في المحكمة العليا (ليس أول عربي إسرائيلي ، مع ذلك ، يخدم هناك). ضع في اعتبارك أن حوالي 9٪ من جميع القضاة هم من عرب إسرائيل (منهم 4٪ من النساء). رفض قاض في المحكمة العليا في إسرائيل ــ عربي ــ خلال حفل الافتتاح

غناء النشيد الوطني لإسرائيل مع زملائه: طرد من دوره ، لقد مر على السلاح؟ لا توجد فرصة! والواقع أن رئيس الوزراء نتنياهو احترم هذه البادرة علنا.

أعتذر عن المقامرة؛ بدافع الفضول كم عدد اليهود في الأراضي التي تديرها السلطة الوطنية الفلسطينية؟ صفر ، لأن من يسمون "المستوطنين" يقيمون في ما يسمى بالمنطقة (ج) وليسوا مواطنين فلسطينيين.

وبحسب ما ورد تم تخفيض تصنيف اللغة العربية كلغة في إسرائيل في عام 2018. ليس كذلك! في ذلك العام، تبنت الكنيست ما يسمى بقانون الدولة القومية، الذي لم يغير بأي شكل من الأشكال الحق في استخدام اللغة العربية في أي مكان (من المحاكم إلى البرلمان). هذه أيضا أخبار مزيفة.

في عام 2022 ، تم تعيين عضو في البرلمان العربي الإسرائيلي قنصلا عاما في شنغهاي. في نفس حكومة شارون الأولى كان هناك وزير عربي ، الدرزي صلاح طريف. يوجد في إسرائيل حزب غير صهيوني مثل ماكي ، الحزب الشيوعي الإسرائيلي ، الذي انقسم بعد ذلك إلى فرعين (أحدهما للعرب والآخر لليهود). الأحزاب التي تمثل العالم العربي الإسرائيلي، أو العرب ككل، هي على سبيل المثال القائمة العربية الموحدة والتجمع الشعبي والجبهة الديمقراطية للسلام والمساواة والقائمة العربية الموحدة وواماب وتعال. في الانتخابات الوطنية لعام 2021، أصبح حزب القائمة العربية الموحدة أول حزب عربي ينضم إلى ائتلاف حاكم. ويشغل العرب 10 مقاعد (من أصل 120) في الكنيست الـ24، أربعة منها تشغلها القائمة العربية الموحدة.

بالطبع العنصرية ليست في المنزل في إسرائيل. إذا تجولت في مختلف المدن ، ستلاحظ الآلاف من المواطنين ذوي البشرة الداكنة من إثيوبيا واليمن والهند. لا ، إنهم ليسوا سائحين ، إنهم مواطنون في تلك الدولة.

في سلسلة من الجسور الجوية ـ التي ، مع ذلك ، قليلون يتذكرونها أو يهتمون بتذكرها ـ تسمى على التوالي موسى (1984) وجوشوا (1985) وسليمان (1991) ، هبت إسرائيل لمساعدة حوالي 42000 من أعضاء الجالية اليهودية القديمة في إثيوبيا التي تضررت بشدة من الجفاف ، وتتوسل ليتم أخذهم بعيدا.

في عملية موسى أراد ويليام سافير التأكيد:

"لأول مرة في التاريخ ، يتم جلب الآلاف من السود إلى بلد ليس مقيدين بالسلاسل ، ولكن بكرامة ، ليس كعبيد ، ولكن كمواطنين".

كان يوليوس تشامبرز ، المدير العام آنذاك لـ N.A.A.C.P. (الرابطة الوطنية لتقدم الملونين) ، أو صندوق الدفاع القانوني والتعليم ، حريصا على توضيح:

"لو كان ضحايا المجاعة في إثيوبيا من البيض ، لربما عرضت عليهم دول لا حصر لها اللجوء. لكن الأشخاص الذين يتضورون جوعا كل يوم في إثيوبيا والسودان هم من السود ، وفي عالم تستنكر فيه العنصرية رسميا من قبل كل حكومة منظمة تقريبا ، فتحت دولة واحدة غير أفريقية أبوابها وأذرعها. إن العمل الإنساني الصامت لدولة إسرائيل، وهو عمل يتم القيام به دون أي اعتبار للون بشرة أولئك الذين تم إنقاذهم، يمثل إدانة ملموسة للعنصرية أكثر بكثير من العديد من الخطب أو القرارات البسيطة".

هل تحتاج إلى إضافة المزيد؟ من عام 1957 إلى عام 1973 ، لم تقم إسرائيل بتدريب الآلاف من الأفارقة فحسب ، لاستيعابهم في جميع النواحي مع المواطنين الإسرائيليين الآخرين ، ولكن تم إرسال الآلاف من الإسرائيليين أيضا إلى إفريقيا. في مايو 1994 ، تمت دعوة رئيس إسرائيل ، عيزر وايزمان ، إلى التنصيب التاريخي لنيلسون مانديلا كأول رئيس أسود لجنوب إفريقيا.

أيضا ، ابحث لي عن دولة غربية حيث الصورة الديمقراطية ملحوظة على الفور كما هو الحال في إسرائيل: جزء كبير من الصحافة مناهض للحكومة (هآرتس ، يديعوت أحرونوت ، إلخ). كما أن السلطة القضائية مستقلة عن السياسة. حكم قاض، وهو عربي أيضا، على رئيس الدولة (كاتساف) بالسجن بتهمة التحرش الجنسي. يمكن أيضا رؤية أنها دولة ديمقراطية من حقيقة أن هناك عددا لا يحصى من السياسيين قيد التحقيق ، ووجهت إليهم لوائح اتهام ، وربما حتى أدينوا ، بما في ذلك العديد من الوزراء السابقين (ليبرمان) ، ورئيس الوزراء (أولمرت) ، وأفراد عائلة رئيس الوزراء (ابن شارون).

دعونا نعطي الكلمة لصحفي محايد تماما، بنيامين بوغروند الذي كتب مجلد الفصل العنصري؟ إسرائيل دولة ديمقراطية يصوت فيها العرب. إنه في الواقع مواطن إسرائيلي، لكنه مواطن من جنوب أفريقيا، حارب الفصل العنصري في تلك الدولة. إليكم تلك الحكاية الرمزية التي يقدمها لنا:

"قبل عامين أجريت عملية كبيرة في القدس. حسنا، كان الجراح يهوديا، وطبيب التخدير عربيا، والأطباء والممرضات يهودا وعربا".

كينيث ميشو، النائب الجنوب أفريقي وزعيم الحزب الديمقراطي المسيحي الأفريقي، أتيحت له الفرصة لزيارة إسرائيل عدة مرات ويعتبر اتهامات الفصل العنصري هراء، وأكاذيب حول ما هي إسرائيل حقا وما هو الفصل العنصري حقا.

لا تعرف إسرائيل الكراهية والاستياء حتى بالنسبة لمرادونا، الذي لطالما دعم الفلسطينيين وقضيتهم علنا، وذهب إلى حد القول، خلال حرب عام 2014 مع غزة، إن الدولة اليهودية تقوم بـ "أعمال مخزية" ضد الفلسطينيين. على الرغم من ذلك ، برقي كبير ، أعرب رئيس الوزراء الإسرائيلي ورئيس إسرائيل رؤوفين ريفلين عن أسفهما لرحيله.

هل كل الورود وأشعة الشمس؟ لا بالطبع. في المناطق الفلسطينية يختلف وضع الفلسطينيين بالضرورة. مع اندلاع الانتفاضة الثانية، كان لا بد من الفصل بين الطرق التي يمر عليها العرب وتلك التي يمر عليها اليهود، كما جرت محاولة للعودة إلى الأيام الخوالي، لكن الهجمات الإرهابية استؤنفت؛ وينطبق الشيء نفسه على الحواجز الشهيرة التي تجعل الحركة صعبة. ومن ناحية أخرى، لم تمنح إسرائيل الجنسية للفلسطينيين في تلك المنطقة لأن ذلك سيكون استفزازا، أي إضفاء الطابع الرسمي على ضم غير موجود في الممارسة العملية.

هل هناك فرق بين اليهود والأعراق الأخرى؟ نعم؛ لم يتم تجنيد عرب إسرائيل في الجيش الإسرائيلي، ولكن فقط حتى لا يجبرونهم على القتال ضد إخوانهم الأصليين. ومع ذلك، يمكنهم الانضمام طواعية، حيث خدم أكثر من 1000 عربي إسرائيلي في جيش الدفاع الإسرائيلي كمجندين أو جنود احتياط في عام 2020. ومرة أخرى نجد متطوعين بدو بين المظليين. وأخيرا، وبناء على طلبهم الصريح، تم توسيع نطاق التجنيد الإلزامي أيضا ليشمل المجتمعات الدرزية والشركسية.

هناك نقطة أخرى تحتاج إلى معالجة، وهي العنصرية المزعومة في الحصول على الأراضي في إسرائيل. منذ عام 1900، كلف المؤتمر الصهيوني العالمي الصندوق القومي اليهودي بشراء أرض في فلسطين للاستيطان اليهودي الذي تم التنازل عنه بعد ذلك، مع حرب الاستقلال الإسرائيلية، للحكومة. حسنا ، بغض النظر عن ما تشكله ، فإن 92٪ من جميع الأراضي الإسرائيلية تنتمي إلى الدولة وتديرها سلطة إدارة الأراضي. لا يمكن بيعها لأي شخص ولكن يمكن ترخيصها لأي شخص ، بغض النظر عن العرق أو الدين أو الجنس. وال 8٪ المتبقية؟ إنه ينتمي إلى أصحاب القطاع الخاص.

بدلا من ذلك، دعونا نقرأ ما هدد به عباس، كعادته، في 28 يوليو 2010 لوسائل الإعلام العربية:

"لن أسمح أبدا لإسرائيلي بالعيش في وطننا الفلسطيني".

من هو العنصري هنا؟

في مقابلة مع مجلة تابلت الأمريكية، يروي السفير الإسرائيلي في أذربيجان جورج ديك، وهو عربي إسرائيلي ولد في يافا، لقاء مع صحفي نرويجي اندهش من وجود سفير عربي لإسرائيل. فوجئ سأل:

"ولكن ماذا ، هل أنت إسرائيلي؟ ألست عربيا؟!؟"

———————

الفلسطينيون مقابل "عرب الزبدة" و "الكريمة المخفوقة العربية"

لكن إسرائيل متخلفة على الأقل من حيث الحقوق المدنية؟ خطأ مرة أخرى. ضع في اعتبارك أنه في كل فصل دراسي يوجد أطفال من SSC ، زوجان من نفس الجنس ؛ بشكل عام ، يعد نظام الاعتراف بحقوق المثليين من بين أكثر الأنظمة تقدما في العالم. وفي عام 1991، ألغى جيش الدفاع الإسرائيلي جميع أشكال التمييز على أساس التوجه الجنسي. ويشهد على ذلك القانون الشامل لتكافؤ الفرص، الذي عدل في عام 1992 لحماية الهوية الجنسية. في عام 1994 ، أثبتت قضية Danilowitz (مضيف لشركة طيران EL) أن الشريك في زوجين مثليين له نفس الحقوق التي يتمتع بها الزوجان من جنسين مختلفين ، مما يمهد الطريق للحصول على سلسلة طويلة من الحقوق للأزواج المثليين ؛ في عام 2005 تم التصديق على الحق في تبني طفل الشريك. تضم الكنيست أعضاء مثليين علنا؛ قضت المحكمة العليا بأن الأزواج المثليين يحق لهم الحصول على مزايا التبني والأرامل. كما وقعت إسرائيل على قرار الأمم المتحدة بشأن حماية حقوق المثليين في عام 2011، وبطبيعة الحال، تعترف بالشراكة المنزلية للأزواج المثليين. في عام 2006، أصبحت الديمقراطية الوحيدة في الشرق الأوسط هي الوحيدة التي تعترف رسميا بزواج المثليين الذي يتم في بلدان أخرى. تأجير الأرحام قانوني بنفس القدر ويتم دفع تكاليف التلقيح الاصطناعي للأزواج المثليين. يمنح الشركاء الأجانب لمواطنين إسرائيليين مثليين تصاريح إقامة في إسرائيل، ويحق للشركاء المثليين الحصول على مزايا التبني والمعاشات التقاعدية والإعفاءات الضريبية.

مثال للجميع: بايام فيلي، شاعر مثلي الجنس إيراني، فر إلى إسرائيل حيث حصل على اللجوء السياسي. في عام 2006 استضافت إسرائيل "حب بلا حدود: فخر العالم"، وهو حدث لمدة أسبوع نظمه نشطاء مجتمع الميم من جميع أنحاء العالم. في عام 2012، تم اختيار أكبر مدينة في إسرائيل، تل أبيب، كأفضل مدينة للمثليين في العالم من قبل المشاركين في مسابقة دولية بنسبة مذهلة بلغت 43٪ من الأصوات في استطلاع على الإنترنت، لتحتل مرتبة أعلى بكثير، على سبيل المثال، سان فرانسيسكو نفسها. في 8 يونيو 2018 ، حضر ما يقرب من 250,000 شخص من جميع أنحاء العالم موكب فخر المثليين السنوي في تل أبيب ؛ أشهر نجم إباحي مثلي الجنس، جوناثان أغاسي ، هو إسرائيلي. والنساء؟

وغني عن القول إنهن يتقاسمن حقوقا متساوية مع الرجال. أدت دوريت بينيش اليمين الدستورية كأول رئيسة للمحكمة العليا الإسرائيلية في سبتمبر 2006 وأكثر من 44٪ من جميع المحامين المسجلين في إسرائيل هم من النساء.

وفي بقية الشرق الأوسط؟ لا يتمتع المثليون جنسيا بالحماية في الدول العربية والإسلامية، وغالبا ما يسجنون ويعدمون أحيانا. في السلطة الوطنية الفلسطينية، يعاقب على اللواط ـ حتى بالموافقة ـ بالسجن من ثلاث إلى 10 سنوات. في عام 2016، على سبيل المثال، حتى

قائد حماس (هكذا!)، محمود اشتيوي، تعرض للتعذيب والقتل بعد اتهامه، من بين أمور أخرى، بأنه مثلي الجنس. وقد وثق الصحفي يوسي كلاين هاليفي أنه في ظل حكم ياسر عرفات، احتجزت الشرطة فلسطينيا مثليا في حفرة دون طعام أو ماء، حتى مات. وسجن آخر و"أثناء الاستجواب قطعوه بالزجاج وسكبوا منظف المرحاض في جروحه". وبالمثل، وجد أمريكي، كان قد انتقل للعيش مع عشيقته الفلسطينية في الضفة الغربية، رسالة تهديد تحت بابهم من "المحكمة الإسلامية"، تضمنت "أشكال الموت الخمسة التي يحددها الإسلام للمثلية الجنسية، بما في ذلك الرجم والحرق". نتيجة؟ فروا إلى إسرائيل في اليوم نفسه واختبأوا لأن "الإخوة الفلسطينيين" هددوه بالقتل. وعلم هاليفي أن شرطة السلطة الفلسطينية أجبرت رجلا مثليا على "رفع رقبته في مياه الصرف الصحي، ورأسه مغطى بكيس مليء بالبراز، ثم ألقت به في زنزانة مظلمة موبوءة بالحشرات"؛ وأثناء الاستجواب، جردته الشرطة من ملابسه وأجبرته على الجلوس على زجاجة كوكاكولا. هو نفسه فر إلى إسرائيل بعد إطلاق سراحه، خوفا من أن تقتله الشرطة إذا عاد.

والنساء؟ في عام 2017، فقدت أماندا حنا، وهي سويدية لبنانية وأصبحت ملكة جمال لبنان في 12 أغسطس، اللقب بلا منازع لأن الشابة زارت إسرائيل لأسباب أكاديمية في انتهاك لقوانين المقاطعة. كما أنها مذنبة بسبب منشور على فيسبوك شهدت فيه بأنها كانت مخطئة عندما أحيت الأحكام المسبقة الحالية حول إسرائيل. لقد "تجرأت على الاعتراف" بما يلي:

"كنت مخطئا ... لقد كان أحد أفضل الأسابيع في حياتي".

ولجنة الأمم المتحدة لحقوق المرأة تفكر جيدا (بل بشكل سيء) لإدانة إسرائيل، وإسرائيل فقط. تجاهل تام للانتهاكات (الحقيقية) ضد المرأة في بلدان مثل إيران واليمن وأفغانستان. حتى منظمة مراقبة الأمم المتحدة اضطرت إلى التنديد بانتخاب المملكة العربية السعودية لعضوية لجنة حقوق المرأة وحقيقة أن خمس دول على الأقل من الاتحاد الأوروبي صوتت بشكل غير متوقع لصالح هذا التعيين.

بالطبع لدينا أيضا ... نهايات فكاهية مثل دوبرافكا سيمونوفيتش، "خبيرة" الأمم المتحدة في العنف ضد المرأة، التي استنتجت، بعد زيارة إسرائيل والمناطق، أنه عندما يضرب الرجال الفلسطينيون زوجاتهم، فهذا خطأ إسرائيل!

في ظل السلطة الوطنية الفلسطينية، لا توجد قوانين حتى بشأن العنف الأسري؛ فتبني الاغتصاب والتحرش الجنسي ليس جريمة. كما لا يوجد حظر قانوني على تشويه الأعضاء التناسلية للإناث.

ولكن حتى فيما يتعلق بالمساواة بين الجنسين والحقوق المدنية، فإن المسافات، التي تفصل بينها بضعة كيلومترات، ليست سوى مسافات فلكية. يضمن قانون عام 1977 الإجهاض القانوني منخفض التكلفة، وفي بعض الحالات المجاني، لأي امرأة تستوفي معايير معينة

مشتركة بين العديد من الدول الغربية. والدليل على ذلك هو أنه في عام 2012 ، تمت الموافقة على 21,104 طلب إجهاض من أصل 21,689 (أي 97٪). في يناير/كانون الثاني 2014، وافق الكنيست الإسرائيلي على إصلاح قانون التغطية الصحية الوطنية الذي يضمن إجراء الإجهاض المجاني لجميع المرضى الذين تتراوح أعمارهم بين 20 و 33 عاما، بغض النظر عن الظروف.

تمكن الإسرائيليون المصابون بالسرطان والشلل الرعاش والصرع والتصلب المتعدد ومرض كرون واضطراب ما بعد الصدمة والعديد من القضايا الطبية الأخرى من الوصول إلى الماريجوانا الطبية في إسرائيل منذ منتصف تسعينيات القرن العشرين: بالنسبة لهؤلاء الأفراد ، يتم زراعتها في ثماني مزارع وتباع من خلال نظام توزيع حكومي. للاستخدام الترفيهي للماريجوانا ، قدر مكتب الأمم المتحدة المعني بالمخدرات والجريمة أن ما يقرب من 10٪ من الإسرائيليين يستخدمونها بشكل ترفيهي.

ولكن دعونا نصل إلى ضعف إسرائيل المزعوم؛ هل صحيح على الأقل أن الهالاخا اليهودية تساوي الشريعة وتجعل إسرائيل ثيوقراطية؟ كلا الحقين ، مثل القانون الكنسي ، يجد مصدره في الوحي الإلهي الذي تم التعبير عنه في النصوص الدينية. ولكن هنا الاختلافات الكبيرة. بالنسبة لإسرائيل ، المرجع هو التناخ ، العهد القديم (يتضمن الكتاب المقدس المسيحي أيضا الأناجيل) ؛ يمكن أن يلهم أيضا القاعدة ، لكنه ليس معيارا في حد ذاته.

القرآن ، من ناحية أخرى ، هو كلام النبي الذي يصبح قانونا على الفور. ببساطة، الشريعة الإسلامية هي قانون الدولة الذي لا جدال فيه وغير قابل للتغيير بين الناس، في حين أن هذا ليس هو الحال في إسرائيل.

يمكن للمرء أن يشير إلى الشرائع الدينية ولكن لا شيء أكثر أو أقل ، مثل الغرب نفسه يستلهم أحيانا من التقليد المسيحي. ونتيجة لذلك ، فإن القانون دائما "مرن" من قبل أي حكومة.

في ضوء كل ما سبق، من قبيل المصادفة أن الآلاف من الفلسطينيين، وخاصة في القدس، يطلبون مغادرة السلطة الوطنية الفلسطينية وأن يصبحوا إسرائيليين، وأن أولئك الذين بقوا هناك يحسدون المواطنين العرب في إسرائيل من خلال تسميتهم "عرب الزبدة" أو "الكريمة المخفوقة العربية"؟

الفصل 6 ـ إنه خطأ ولكن ... يناسبني تصديقه

خرائط فانتا ستينيان

إن تجسيد الصراع العربي الفلسطيني، الذي ترويه وسائط الإعلام بصوت مجسم زائف، ربما يكمن كليا في الصيغ المختلفة لخرائط ما يسمى ب "التوسع الإسرائيلي" التي نشرتها الدوائر المعادية لإسرائيل في العقود الأخيرة، والتي لا يزال جزء كبير من الرأي العام العالمي يؤمن بها اليوم. فقط ضع في اعتبارك أنه حتى جمعية وطنية جديرة بالثناء ومهمة للغاية ، وهي جمعية الثوار الإيطاليين ، للأسف نشرت دون علم أكثر الإصدارات المزيفة في قسمها الروماني.

لكن دعنا نذهب حسب النظام: النسخة الأولى (ما يسمى ب "خريطة الاحتلال الإسرائيلي في فلسطين" أو بأسماء مشابهة) تعود إلى 50s و 60s وتم تصنيعها من قبل الخيال المتحمس لمركز المعلومات العربي (AIC) الذي يمكن أن يتمتع بالدعم الاقتصادي من ما يصل إلى 14 دولة عربية من أجل مساعدة القضية الفلسطينية. من بين العديد من الكتيبات التي أنتجتها هذه الهيئة ، كان آخرها التوسع الإسرائيلي (1967) ، الذي طبع بعد حرب الأيام الستة.

لماذا أشير إلى هذا؟

لأنه هناك بالضبط نجد المسودة الأولى للخريطة المنشورة (المحدثة حتى عام 1967) حيث ـ ضع في اعتبارك ـ لا نجد حتى أسماء إسرائيل وفلسطين. في الواقع ، اعتبرت AIC المنطقة جزءا من الأردن في جميع الخرائط ال 4 (1947 و 1949 و 1956 و 1967). هذا هو تماسك الجبهة المعادية لإسرائيل التي ـ في ذلك الوقت ـ لم تكن تعرف حتى ما هي فلسطين.

ولكن دعونا نذهب حسب النظام؛ الأكثر شهرة، والأكثر انتشارا، هو الذي تم تحديده بعد عام 1967، على أنه "خسارة فلسطينية للأرض من 1946 إلى 2000". بشكل عام ، هناك 4 خرائط ملونة ، أولها أخضر بالكامل تقريبا. كان يجعلنا نعتقد أنه قبل تقسيم الأمم المتحدة، كانت هناك دولة فلسطين ذات "طوابع" لونية إسرائيلية صغيرة جدا. بالمناسبة ، الاسم على الخريطة هو "فلسطين" وليس "انتداب فلسطين" (الذي كان من الممكن أن يكون الشكل الصحيح). من الملائم للمزورين أن يغفلوا أن الأراضي المعنية ، بناء على إملاءات الانتداب على فلسطين ، يجب أن تصبح جزءا من الدولة اليهودية.

تمثل الخريطة الثانية في التسلسل خطة التقسيم التي وافقت عليها الأمم المتحدة في 29 نوفمبر 1947 والتي ـ لم يتم ذكرها ـ ولكن رفضها العرب. ولذلك فمن المحتمل أن تكون

"دولة عربية" فقط، كما رأينا من قبل. لقد نسيت: أنا أترك خيالا آخر للخريطة لأنه في الواقع لم يتم تعريف جزء القدس على أنه أرض فلسطينية ، ولا حتى من قبل الأمم المتحدة.

وتود الخريطة الثالثة أن تسلط الضوء على الوضع في عام 1967، وبالتالي تعرض قفاز البارافين للإمبريالية الإسرائيلية. ومن المؤسف جدا، كما ثبت بإسهاب أعلاه، أن إسرائيل لم تهاجم الدول العربية بعد تقسيم الأمم المتحدة؛ بل إن إسرائيل هاجمت الدول العربية بعد تقسيم الأمم المتحدة. وعلى العكس من ذلك، كانوا هم الذين أثاروا رد الفعل الإسرائيلي. إذا كان الأمر كذلك ... هذه الخريطة تغفل بشكل مخجل الانسحابات الإسرائيلية على مر السنين. لقد احتلت إسرائيل بالفعل أراضٍ ، من أجل إنشاء "حواجز" وقائية في الحروب الدفاعية ، لكنها بعد ذلك ، كما تم تسليط الضوء عليه بالفعل ، تنازلت عنها في كثير من الأحيان بانسحابات مستمرة لتسهيل مفاوضات السلام.

لديك في الاعتبار الآن ، أليس كذلك؟

من لبنان في 1949 و 1978 و 2000 ؛ من سوريا في عام 1974 ؛ من سيناء في 1949 و 1957 و 1982 ؛ من مدن في فلسطين عام 1995 ؛ من قطاع غزة في عام 2005.

لكن الشيء الأكثر إثارة هو أنه ، كما هو متوقع ، يتم دائما تمييز "الأرض الفلسطينية" المفترضة باللون الأخضر ، حتى في هذه الخريطة. لكن من فضلكم ، ماذا يشير ذلك؟ لنأخذ القسم الأول من الخريطة حيث يحتل الجزء الأخضر ، كما ذكرنا ، الصورة بأكملها تقريبا من أجل جعلنا نعتقد أنه منذ زمن سحيق ، كانت تلك المنطقة ملكا للفلسطينيين: كاذبة بشكل صارخ.

وكما نعلم جميعا الآن، لم يسكنها أبدا العرب الفلسطينيون (ولا غيرهم). مثال لكل المنطقة الجنوبية، أو النقب. لكنها لم تكن حتى أرضا فلسطينية لأنها كانت كلها تقريبا مملوكة للدولة أو مملوكة لملاك الأراضي الغائبين الذين يعيشون في دمشق أو بيروت. وإذا لم يكن ذلك كافيا، فإنها لم تكن حتى أراض خاضعة للسيادة الفلسطينية لمجرد حقيقة أن دولتهم لم تكن موجودة أبدا.

الخريطة الرابعة، التي تم تحديثها حتى عام 2000، هي الوحيدة التي يمكن أن تكون فيها المنطقة الخضراء "الفلسطينية" صحيحة. وتجدر الإشارة إلى أن إسرائيل هي التي نقلت تلك الأراضي إلى السلطة الوطنية الفلسطينية، بموجب اتفاقات الفترة 1993-1995، ريثما يتم التوصل إلى اتفاق نهائي بين الطرفين بشأن وضع الأراضي المسماة المناطق ألف وباء وجيم، وكذلك بشأن قطاع غزة.

تبعت هذه الخريطة العديد من الخرائط الأخرى، التي ظهر أكثرها كذبا بلا خجل خلال خطابه أمام مجلس الأمن الدولي في عام 2020 من قبل رئيس السلطة الوطنية الفلسطينية نفسه: أبو مازن. وكان عنوانه "خطة ترامب للتسوية التاريخية الفلسطينية".

وغني عن التكرار الأسباب التي تجعل التخفيض التدريجي المعتاد لما يسمى بالأرض الفلسطينية يتكرر مرة أخرى. التغيير الوحيد هو التحديث ، مع خريطة أخرى ، حتى "خطة ترامب 2020". أول 3 إصلاح عملية احتيال palestino ، مع الصور ، على التوالي إلى التواريخ "1917- فلسطين التاريخية" و "1937- لجنة بيل" و "1947- تقسيم الأمم المتحدة" ، ثم تكرار واحد معروف بالفعل من "1967" وأخيرا آخر واحد تكييفها مع "2020".

وأخيرا، هناك نسخة مختلفة من الخريطة نقرأ فيها، في التعليق، "أرض الأمة الإسلامية".

نحن هنا في الختام. بالنسبة للعرب لا توجد أرض فلسطينية، لكنها كلها أرض الأمة الإسلامية التي يجب غزوها بأي ثمن. هناك وفي أماكن أخرى.

الإمبريالية الحقيقية. الفلسطيني.

الأكاذيب تظهر التسريبات في كل مكان

إذا قلنا لك أنه حتى رئيس البرلمان الأوروبي قد نشر أخبارا مزيفة لا تصدق ضد إسرائيل ، فهل تصدق ذلك؟

بالطبع لا ، لكن هذا حدث أيضا.

مارتن شولتز في الكنيست، في 12 فبراير 2014، كان لديه الشجاعة ليقول:

"سألني شاب فلسطيني لماذا يمكن للإسرائيليين استخدام 70 لترا من المياه والفلسطينيين 17 لترا فقط. لم أتحقق من البيانات ، لكنني أسألك: هل هذا صحيح؟".

حتى الرغبة في ترك "أخبرني شاب" المذهل ، دعنا نذهب إلى الحقائق التي لا جدال فيها.

تم الاتفاق على حصة المياه للضفة الغربية من قبل الطرفين في اتفاقيات أوسلو؛ ونتيجة لذلك، يتم تخصيص 33٪ من المياه في طبقات المياه الجوفية تحت الضفة الغربية للفلسطينيين. في عام 2007، تمكنت السلطة الوطنية الفلسطينية من التمتع ب 200 مليون متر مكعب من المياه، منها 51.8 مليون متر مكعب توفرها إسرائيل، أو بالأحرى أكثر مما ينبغي أن توفره للدولة الفلسطينية على أساس اتفاقيات أوسلو وباريس. المشكلة هي أنه تم استخدام 180 مليون فقط بالفعل.

البروفيسور غفيرتزمان ، الذي يعمل الآن في سلطة المياه ، أوضح تقنيا كل التفاصيل:

منحت اللجنة الإسرائيلية الفلسطينية المشتركة ما يقرب من 80 تصريح حفر للفلسطينيين، معظمها للاستفادة من المياه الجوفية الشرقية. ومع ذلك، يستخدم الفلسطينيون أقل من نصف هذه التصاريح".

وأضاف غفيرتزمان أنه من بين 52 مليون متر مكعب من مياه الصرف الصحي التي ينتجها الفلسطينيون كل عام، بالكاد يمر مليونا متر مكعب أولا عبر محطة معالجة البيرة؛ ونتيجة لذلك، تتدفق مياه الصرف الصحي الفلسطينية غير المعالجة (نتحدث عن حوالي 17 مليون متر مكعب سنويا) إلى الجداول والوديان في الضفة الغربية وتلوث طبقة المياه الجوفية الجبلية لكل من اليهود والعرب. هل هو خطأ إسرائيل إذا كان حوالي 35٪ من المياه في المنطقة الخاضعة لولاية السلطة الوطنية الفلسطينية مفقودة أيضا بسبب التسريبات والسرقات وسوء الصيانة؟ إذا لم يكن ذلك كافيا، فإن غفيرتزمان نفسه يتذكر أن كل مواطن إسرائيلي يدفع مقابل مياهه أكثر مما ينبغي من أجل تعويض خسائر إسرائيل، بالنظر إلى أن المياه تعطى بأسعار مخفضة للفلسطينيين.

وهل الحرمان المزعوم من الكهرباء للفلسطينيين له أساس على الأقل؟ وهي مقدمة للمنطقة التي تسيطر عليها السلطة الوطنية الفلسطينية، وإسرائيل، وكذلك منطقة غزة. حتى أن السلطة الوطنية الفلسطينية تدعي أنها لا تريد دفع ثمنها (دون احتساب أولئك ـ الكثير ـ الذين يستخدمونها سرا). وعلى الرغم من الديون التي تبلغ عدة مئات من ملايين الدولارات، فإن إسرائيل لم توقف أو توقف الإمدادات. على الرغم من أنه بالطبع يمكن. وأعتقد أن هذه الكهرباء تعمل أيضا لنفس مصانع الصواريخ المخصصة لإسرائيل ... اقترحت السلطة الوطنية الفلسطينية خطة سداد غير مقبولة: من مئات الملايين من الدولارات تتوقع أن يتم الصفح عن نصفها والنصف الآخر يدفع على مدى عشر سنوات. نحن في عرض كوميدي!

ولكن بشكل عام، فإن وسائل الإعلام، كما رأينا بالفعل عدة مرات، خلال 75 عاما غالبا ما زورت الحقائق أو عكستها على حساب إسرائيل؛ بمناسبة الانتفاضة الأولى أخفى الفلسطينيون بشكل شبه كامل قضبان معدنية وسكاكين وفؤوس وزجاجات حارقة، ولكن مع ذلك لا يزال هناك حديث عن "حرب الحجارة" الأسطورية أو الصراع بين داود (الفلسطينيين) ضد جالوت (الإسرائيليين). أولئك الذين (يكلفون) يتظاهرون بأنهم لا يعرفون أنه في نهاية الشهر الأول من الانتفاضة، كان هناك 56 جريحا في صفوف الجيش الإسرائيلي و 30 بين المدنيين على وجه التحديد لأنه لم يتم إلقاء الحجارة فحسب، بل أيضا 100 زجاجة حارقة وثلاث قنابل يدوية. الحجارة يمكن أن تقتل أيضا. والدليل على ذلك ، في أغسطس 2001 ، قتل صبي يبلغ من العمر 11 عاما في مقدونيا جنديا إنجليزيا في مهمة سلام بحجر.

تطورت الانتفاضة بعنف، ومن ثم بالحجارة والطوب والمقاليع التي يمكن بها رمي الحصى والرخام المعدني، ولكن أيضا بالعصي والسكاكين والفؤوس.

تقول نكتة أن الحجر الأول في القدس وضع قبل 3000 عام ، بينما تم إلقاء الحجر الأول منذ حوالي 70 عاما ...

كانت هناك حتى حوادث الطرق بسبب الزيوت والمسامير التي ألقيت عمدا على الطرق. في الأشهر ال 18 الأولى، أحصى الجيش الإسرائيلي، في الواقع، حوالي 41000 حادث عنف. أضف إلى ذلك 41 هجوما بالأسلحة الخفيفة، و 38 هجوما بالقنابل اليدوية، و 127 هجوما بالقنابل، و 102 حادثا بدم بارد، وغالبا ما كانت هجمات بأسلحة بيضاء.

والدليل على ذلك أيضا هو النداء الذي وجه إلى المسافرين الفلسطينيين ـ ابتداء من كانون الثاني 1988 ـ بعدم الذهاب إلى العمل في إسرائيل لأن الفلسطينيين يهددونهم باستمرار أو يرشقون حافلاتهم بالحجارة أو يحاولون حرقها.

إذا قمنا بتوسيع الفترة الزمنية، خلال السنوات الأربع الأولى كان هناك 3600 قذف، و 100 قنبلة يدوية أطلقت و 600 هجوم بالأسلحة النارية والمتفجرات أيضا ضد المدنيين. بين 9 ديسمبر 1987 وتوقيع اتفاقات أوسلو (13 سبتمبر 1993) قتل 160 إسرائيليا، 100 منهم مدنيون، وجرح عدة آلاف. والواقع أن الفلسطينيين كانوا يختلطون في كثير من الأحيان بين راشقي الحجارة، وغالبا ما كانوا رجال شرطة، مسلحين بمسدسات.

ولكن، كما أعلنا عن ذلك، هناك المئات والمئات من الاختراعات المؤيدة للفلسطينيين لوضع إسرائيل في صورة سيئة.

في مجلد إيزيس واس ، مع بقاء جاد ، نصل إلى تأكيد المنظمة الإرهابية العربية أيلول الأسود وبالتالي

"إن مذابح اليهود في مطار بن غوريون في تل أبيب وفي أولمبياد ميونيخ وفرت للمتطرفين الإسرائيليين ذريعة مثالية لمزيد من التفجيرات ، فقط عندما بدا أن الضغط الدولي كان على وشك جر الحكومة إلى طاولة المفاوضات".

ويصدق نفس القول أيضا وفقا للنصائح الثمينة للغاية من سبيكتر وفانتوماس على الهجمات التي وقعت في لاهاي، فضلا عن اغتيال اثنين من عملاء الأمن الأجانب الفرنسيين المنسوبين إلى إيليش راميريز سانشيز، المعروف باسم كارلوس ابن آوى.

بعد أن تمكن من تركيز مثل هذا الهراء في أسطر قليلة جدا ، يعتقد الكاتب غير الحكيم أنه وجد المسدس الدخاني:

"اليوم لدينا أدلة على أن أيلول الأسود كان من صنع MI6 ومجلس الأمن القومي الأمريكي ، تحت سيطرة كيسنجر المباشرة".

لكن الأمر لا ينتهي هنا لأنه ، الآن بدون فرامل ، يتجول:

"منذ احتلال القدس الشرقية في عام 1967 ـ وخاصة الضفة الغربية ـ عملت الملكية البريطانية من خلال المحفل الماسوني الإنجليزي Quatuor Coronati ومنظمات أخرى للإشراف على إنشاء طوائف يهودية مكرسة لشن الحروب الدينية في الشرق الأوسط".

في جولة من الجمل التي من شأنها أن تجعل حتى ديموستيني شاحبا ، يثابر:

"في عام 2006، خلال الصراع بين إسرائيل وحزب الله، شرح العقيد الروسي الجنرال ليونيد إيفاشوف بشكل مقنع مقنع العدوان الإسرائيلي على لبنان بالأهداف التالية: أولا، تهيئة الظروف لشن هجمات على إيران، ومصادرة حقول النفط والغاز والسيطرة على طرق النقل؛ وثانيا، تهيئة الظروف لشن هجمات على إيران، ومصادرة حقول النفط والغاز والسيطرة على طرق النقل؛ وثانيا، تهيئة الظروف لشن هجمات على إيران، ومصادرة حقول النفط والغاز فيها، والسيطرة على طرق النقل؛ وثانيا، فرض عقوبات على إيران. ثانيا، الاستعداد لإعادة رسم خريطة الشرق الأوسط بالقوة".

بالطبع انسحبت إسرائيل من لبنان ولم يحدث شيء مكتوب.

عندما كانت صفارات الإنذار لسيارة الإسعاف المقتربة من مؤسسة الأمراض العقلية تدوي بالفعل ... ، على النحو التالي:

"كشف إدوارد سنودن، "خلد داتاغيت"، أن المخابرات البريطانية والأمريكية خلقت داعش بالتنسيق مع الموساد".

في نهاية هذا الهذيان ، عندما ظهر رجلان يرتديان ملابس بيضاء لرعايته ورعايته ... ، انتهى الصراخ:

"وفقا للمعلومات التي نشرها سنودن، فإن الحل الوحيد لحماية الدولة اليهودية هو خلق عدو قريب من حدودها".

كما لو لم يكن لديها أي! حدود إسرائيل على دول أكبر 640 مرة و 65 مرة أكبر في عدد السكان. ما يصل إلى 22 دولة عربية مجاورة هي أعداء، ليست هناك حاجة حقا لخلق أعداء (آخرين) ...

بعد هذه المجارف المقرمشة ، يتطلب الأمر جهودا لم يسمع بها أحد في الوجه حتى لا تموت مختنقة من ضحكة هوميروس.

ولكن حتى في الموساد، وعلى جهازي الاستخبارات الإسرائيليين الآخرين، هناك أسطورة العصمة المطلقة التي يود المرء أن يخفف من مدى كل الهزائم العربية ضد إسرائيل.

في الواقع، على سبيل المثال، لم يعلن شاي آنذاك عن الغزو العربي لفلسطين في عام 1948. لم يفهم هامان التحركات المصرية والأردنية في مايو 1967 ولم يتوقع الهجوم العربي في أكتوبر 1973. في حرب لبنان عام 1982، قلل الموساد من عداء المسلمين الشيعة. كما فشل الشاباك وأمان في التنبؤ بأي شيء عن الانتفاضة الفلسطينية في الضفة الغربية وقطاع غزة في عام 1987.

ولكن دعونا نعود إلى اليوم وإلى مجموعات الاختراعات غير المحتشمة حتى حول Covid-19 وكيف كانت ستدار القصة في المناطق. وفقا لصحيفة الغارديان ونيويورك تايمز، يقال إن إسرائيل مذنبة بعدم تطعيم الفلسطينيين، وتفضل "المستوطنين" بدلا من ذلك.

كما ادعت وزارة الخارجية الفلسطينية زورا أن إسرائيل مسؤولة عن توفير اللقاحات وأنها "ترتكب أعمالا تمييزية عنصرية ضد الشعب الفلسطيني".

من المؤسف أن هذه واحدة من أكثر الأكاذيب الصارخة في سوء النية. تضع اتفاقات أوسلو الرعاية الصحية ضمن المسائل الحصرية للسلطة الوطنية الفلسطينية في الأراضي التي تديرها. هذا هو نص الاتفاق الإسرائيلي ـ الفلسطيني المؤقت، المرفق الثالث المؤرخ 28 أيلول/سبتمبر 1995:

"سيتم نقل الصلاحيات والمسؤوليات في مجال الرعاية الصحية في الضفة الغربية وقطاع غزة إلى الجانب الفلسطيني، بما في ذلك نظام التأمين الصحي. سيواصل الجانب الفلسطيني تطبيق المعايير الحالية لتطعيم الفلسطينيين...".

إرغو الدولة اليهودية لا علاقة لها بها على الإطلاق. ومع ذلك، لم تكتف إسرائيل بتطعيم عرب إسرائيل، الذين كانوا مترددين إلى حد ما، ولكن أيضا المقيمين الأجانب، بما في ذلك العديد من مواطني السلطة الوطنية الفلسطينية المقيمين في القدس.

علاوة على ذلك، كان يسمح دائما بمرور الإمدادات الطبية ليس فقط إلى المناطق التي تديرها السلطة الوطنية الفلسطينية في يهودا والسامرة، ولكن أيضا إلى غزة. ثم تبرعت دولة إسرائيل بآلاف السدادات القطنية والإمدادات، وقدمت التدريب والمواد باللغة العربية، حول موضوع كوفيد المتناقض، إلى نظيرتها الفلسطينية.

من الواضح الآن أنه خداع حقيقي، وبالتالي، ما قالته عضوة الكونغرس الفلسطينية الأمريكية رشيدة طليب في مقابلة مع البرنامج الإخباري "الديمقراطية الآن"، التي وصفت إسرائيل بأنها "دولة عنصرية" و"فصل عنصري" لأنه، على حد قولها، سيحرم الفلسطينيين من الحصول على العلاجات واللقاحات ضد فيروس كورونا.

يتلقى عرب إسرائيل (أو تلقوا بالفعل) التطعيم، وفي النصف الأول من عام 2020، قدمت إسرائيل قرضا للسلطة الوطنية الفلسطينية لمساعدتها على تجنب أزمة اقتصادية وإنسانية. في النهاية، اضطرت وزارة الصحة الفلسطينية إلى إنكار نفسها وتأكيدها، كما كتب دانيال سيريوتي في 10 مارس 2020، استلام مجموعات وفحوصات ومعدات طبية من إسرائيل طلبها العاملون الطبيون في غزة.

وأكد مسؤول في الوزارة أخيرا أن "إدارة وباء كوفيد-19 لها الأسبقية على أي اعتبارات سياسية، وبدون مساعدة إسرائيل، ستجد غزة نفسها في وضع صعب للغاية في حالة حدوث وباء".

لإعطائك فكرة: اعتبارا من 3 يناير 2021 ، تم تطعيم عدد أكبر من المسلمين في إسرائيل أكثر من أي بلد في الشرق الأوسط!

في كل هذه العقود، أهدرت كل من السلطة الوطنية الفلسطينية وحماس مليارات الدولارات مفضلين إنفاق أموالهما على الإرهاب، أو الفساد كما رأينا بالفعل، بدلا من الإنفاق على الرفاهية العامة.

وتنفق السلطة الوطنية الفلسطينية نحو 14 مليون دولار شهريا على رواتب الإرهابيين في السجون الإسرائيلية وعلى أسر من يسمون "الشهداء". قدر موريس هيرش أنه بهذه الأموال ، يمكن شراء 387,143 مجموعة اختبار Covid-19 أو 465 جهاز تنفس صناعي من معهد ماساتشوستس للتكنولوجيا بتكلفة منخفضة. من الواضح أن هناك المتشددين الذين يرفضون أي مساعدة من إسرائيل للفلسطينيين، ويشيطنون اليهود، مثل المفاوض الفلسطيني صائب عريقات، الذي أصيب لاحقا بالفيروس. وأين يذهب للحصول على الرعاية الطبية؟ إلى مستشفى هداسا في القدس، ولكن للأسف بعد فوات الأوان.

لكن الأكاذيب ضد إسرائيل لا نهاية لها وخيالية حقا. وفقا لمصنع BS الفلسطيني الحائز على جوائز ، أعلن بريمو ليفي: "كل شخص يهودي. الفلسطينيون اليوم هم يهود إسرائيل".

الجملة الأولى فقط، التي لا علاقة لها بالصراع في الشرق الأوسط، هي من الكاتب. والثاني هو مجرد تعليق على تلك الجملة في مراجعة ل إذا كان هذا رجلا من عام 1982 من قبل ناقد Il Manifesto ، فيليبو جنتيلوني. تم تتبع الجملة بأكملها إلى ليفي في مقال عام 2002 بقلم جوان أكوسيلا في مجلة نيويوركر.

أو ماذا عن هذه الجملة "الشبح" الأخرى التي كتبها ديفيد بن غوريون ، رئيس وزراء إسرائيل المستقبلي؟ الاقتباس مأخوذ من ولادة مشكلة اللاجئين الفلسطينيين 1947-1949 بقلم بيني موريس الذي ينقل هذه الرسالة من عام 1937:

"لا نريد ولا نحتاج إلى طرد العرب وأخذ مكانهم. كل تطلعاتنا مبنية على الافتراض ـ الذي تؤكده كل أنشطتنا في أرض الواقع ـ بأن هناك مساحة كافية في البلاد لنا وللعرب".

حسنا ، خمن ماذا.

لقد اختفى نفي الجملة الأولى ، وبالتالي تم تزويره ، ويقلب معناه رأسا على عقب.

ذكر المؤرخ المعروف المناهض للصهيونية إيلان بابيه في عام 2006 في مجلة الدراسات الفلسطينية وفي كتابه "التطهير العرقي في فلسطين" اقتباسا مأخوذا من رسالة كتبها بن غوريون في عام 1937 إلى ابنه:

"يجب أن يرحل العرب، لكننا بحاجة إلى اللحظة المناسبة، مثل الحرب".

المؤرخ بيني موريس نفسه ـ الذي لم يتقدم أبدا مع إسرائيل ـ وصف العبارة بأنها "اختراع" في عام 2006. نضيف أن الاقتباس غير موجود في أي من المصادر التي يستشهد بها بابيه.

فقط مخجل.

═══════════════

"PALLYWOOD"

Pallywood هو بورتمانتو لكلمتي فلسطين وهوليوود. في الواقع ، يتطلب الأمر خيالا هائلا ومذهلا حقا لنشر طوفان من الخدع ، من خلال وسائل الإعلام ، المتواطئة دائما تقريبا.

لنبدأ بثقل ، أي من الأخبار المخترعة حرفيا ، في عام 2005 ، قتلت إسرائيل امرأة فلسطينية تبلغ من العمر 55 عاما بالإشعاع من آلة تجسس عند نقاط التفتيش. ولكن ماذا كان الأمر؟ كان ما يسمى رادار SafeView Millimetre Wave Radar ، ليس أكثر من نوع من أجهزة الكشف عن المعادن الأمريكية المتطورة للغاية التي تستخدم تقنية التصوير المجسم لموجة ملليمترية آمنة لفحص المسافرين من مصر للبحث عن الأسلحة والمتفجرات. من الواضح أن اسم هذه المرأة "المتوفاة" المزعومة لم يعرف أبدا.

من يدري لماذا...

وماذا عن العملاق BS الذي بموجبه كانت ساعة بيغ بن ، برج الساعة في قصر وستمنستر في لندن ، هي في الواقع برج الساعة ـ الذي سرقه البريطانيون ـ عند باب الخليل (في القدس) في عام 1909 أثناء السيطرة العثمانية للسلطان حميد الثاني؟ ولعل هذا التخبط الذهني الفلسطيني يعود إلى آثار الحكاية الشهيرة لصحيفة "الحياة الجديدة" في الرملة،

الخاضعة لسيطرة السلطة الوطنية الفلسطينية، والتي يزعم أن إسرائيل "أغرقت" سكان القدس العرب بالمخدرات: حوالي 20000 عربي أصبحوا مدمنين لهذا السبب!

ربما أيضا الخنازير البرية ـ التي وفقا لاختراع آخر لا يصدق كان من الممكن أن يطلقها الإسرائيليون في الضفة الغربية لتدمير المحاصيل وطرد الفلسطينيين من منازلهم ـ تم تخديرها بنفس الطريقة ...

أنتم تعرفون اليونسكو، أليس كذلك؟ نعم، بالضبط تلك التي عينت القدس "عاصمة الثقافة العربية". ولعل الأسوأ من ذلك هو اليد اليمنى، أي الإيسيسكو، الهيئة "الثقافية" لمنظمة المؤتمر الإسلامي، التي يزعم أن الآثار اليهودية هي كنوز إسلامية سرقها الصهاينة والأعمال الأثرية الإسرائيلية جرائم ضد المسلمين. وفقا لهذا الادعاء الأيديولوجي السخيف في عام 2010 ، ذكرت اليونسكو ، فجأة ، أن قبر راحيل وكهف الخليل للبطاركة هما "مساجد إسلامية". إن قرار اليونسكو، بناء على طلب السلطة الوطنية الفلسطينية، باستبدال مصطلح "جبل الهيكل" ب "الحرم الشريف" و "الأقصى" أمر بغيض. كما لو أن الاكتشافات الأثرية المختلفة لم تكن موجودة مثل ، على سبيل المثال ، النقش اليوناني من عصر الهيكل الثاني بالقرب من بوابة الأسد والزاوية حيث تم نفخ الأبواق للإعلان عن بداية السبت والأعياد اليهودية ، الموجودة في الحفريات على طول الجدار الجنوبي للمجمع. كما لو أن الاقتباسات ، من بين أمور أخرى ، في الكتاب المقدس ، في المشنا والتلمود كانت خاطئة.

كيف نعطي الفضل ، علاوة على ذلك ، للجهلاء بدلا من البروفيسور مردخاي كيدار؟

"تشهد المصادر الإسلامية المبكرة أن "المسجد الأقصى" (حرفيا: "أبعد مسجد") ، المذكور مرة واحدة فقط في القرآن ، كان أحد المسجدين الواقعين بالقرب من جعرانة ، وهي قرية تقع بين مكة وتاف في شبه الجزيرة العربية (المملكة العربية السعودية الآن)". يختلف Ergo "المسجد الأقصى" عن المسجد الآخر ("المسجد العدنا") ، أي "أقرب مسجد". ومن ثم ، فإن الاقتباس في القرآن عن رحلة النبي محمد الليلية ، من "المسجد الحرام" في مكة إلى الأقصى ، أي "أبعد مسجد" ، يشير إلى مسجد جائرانة.

يكمل البروفيسور كيدار فضح مثل هذا:

"قرر كذابو الإسلام "توسيع" الأقصى ـ الذي يقع موقعه الحقيقي في الصحراء العربية ـ ليشمل منطقة جبل الهيكل بأكملها فقط بعد أن حرر اليهود كوتيل في حرب الأيام الستة".

لكن من يدري لماذا ، تحت السيطرة الأردنية ، لم ينظر أي منهم إلى الأقصى بأي شكل من الأشكال وبعد ذلك فقط تذكروه ...

وهنا يتم إعادة ربط الحكاية الأخرى المثيرة للإعجاب (لولا حقيقة أنها تسببت في إراقة الكثير من الدماء بسبب العنف الفلسطيني) ؛ دعونا نتحدث عن الكذبة الصارخة بأن إرهابيا

يهوديا حاول حرق المسجد الأقصى في عام 1969. ومن السخف كلمات الاتهام بهذا المعنى من قبل التلفزيون الرسمي للسلطة الوطنية الفلسطينية Pmw TV والتي كان القصد منها "تهويد الموقع والسيطرة عليه لتدمير المسجد الأقصى وبناء الهيكل المزعوم مكانه".

من المؤسف أن الحرق العمد ـ الحقيقي ـ قد بدأه سائح مسيحي أسترالي مختل يدعى دينيس مايكل روهان. ألقي القبض عليه في اليوم التالي وحوكم وأدين وأودع مصحة عقلية.

لم يكتف الإعلام الفلسطيني الرسمي في 29 سبتمبر 2000، في اليوم التالي لزيارة شارون للمسجد الأقصى ، بدعوة جميع "مواطنيهم" إلى التجمع لأن اليهود أرادوا تدميره. في عام 2013، سيظل عباس لديه خد للتأكيد لصحيفة سعودية على أن المتطرفين الإسرائيليين المتعصبين أرادوا تدمير المسجد لإعادة بناء الهيكل اليهودي.

عن المنتجات المقلدة: هل تعرف قصة محمد الدرة ، الصبي البالغ من العمر 12 عاما أيقونة الانتفاضة الثانية الذي قيل إنه قتل بنيران الجيش الإسرائيلي خلال 8 سنوات؟ لنبدأ بالحقائق. في 30 سبتمبر 2000 ، قتل محمد الدرة في غزة في تبادل لإطلاق النار بين الإسرائيليين والفلسطينيين. اعترفت إسرائيل على الفور على الذنب ، لكنها تراجعت لأن اختبار المقذوفات أظهر أن الرصاصة لا يمكن أن تكون قد أطلقت من مواقع جيش الدفاع الإسرائيلي. وصل فيديو مقتل الطفل (إذا كان ميتا حقا) الذي صوره المصور الفلسطيني طلال أبو رحمة ـ الذي حصل حتى على جائزة لعمله ـ مع تعليق مراسل فرانس 2 تشارلز إندرلين، إلى جميع المنازل في العالم في وقت قصير جدا. حتى بن لادن اعتلى المسرح:

"بقتل هذا الطفل، قتل الإسرائيليون جميع الأطفال في العالم".

في المحاكمة التي تلت ذلك، قدمت فرانس 2، بعد محاولات مختلفة للاستطراد، الفيديو ، لكنه احتوى على 18 دقيقة فقط من أصل 27 دقيقة تم تصويرها لأنه، وفقا لهم، لم يكن المراسل يريد تصوير الطفل المحتضر. وفي الواقع في الفيديو ، لا يمكن التحقق من اللحظة التي يموت فيها الطفل ، ولكن فقط المراحل السابقة واللاحقة ؛ وهذا هو بالضبط في تلك اللاحقة أن لا يصدق واضح. الدرة ، بعد أن تم ... ميت ، يرفع ذراعه ويفتح عينيه. لعازر جديد؟

في 21 مايو 2008 ، لم تستطع المحكمة الفرنسية إلا أن تعلن أن الجيش الإسرائيلي بريء تماما. وللتفكير في أنه في جميع أنحاء العالم العربي ، هناك 150 مدرسة سميت باسمه.

حتى تويتر لديه مهزلة تخبئها لنا. ونشرت خلود بدوي، وهي مسؤولة في مكتب الأمم المتحدة لتنسيق الشؤون الإنسانية في القدس حيث تعمل كمنسقة للمعلومات والإعلام، صورة تبيعها على أنها صورة لفتاة فلسطينية قتلت "على يد إسرائيل" في غزة مع إضافة ـ بدموع مزيفة ـ لأب آخر يأخذ ابنته إلى المقبرة". لا نعرف أين ذهبت للاختباء بعد اكتشاف أنها صورة لرويترز من أغسطس 2006 لفتاة من غزة كانت ضحية حادث مروري...

بالمناسبة، هل تعلم أن يسوع كان فلسطينيا؟ في 24 ديسمبر 2019 ، أعلنت ليلى غنام ، حاكمة الرملة ، بازدراء تحسد عليه للسخرية: "يحتفل الشعب الفلسطيني بأكمله بعيد الميلاد لأننا فخورون بأن يسوع فلسطيني".

ومع ذلك، وكما رأينا وأظهرنا، فإن تلك الأرض لم تعرف أبدا فلسطين، إلا بعد قرن من موت يسوع. ناهيك عن أن العرب وصلوا إلى الناصرة فقط بعد الغزو الإسلامي في القرن 7 الميلادي. للمساعدة: يسوع ، مثل اليهود الآخرين ، تحدث الآرامية التي لا يبدو لي أنها نشأت اللغة العربية بشكل صحيح ...

ولكن هل تعتقد أنه صحيح على الأقل أن إسرائيل ـ ردا على ما يقرب من 700 صاروخ أطلقها إرهابيون فلسطينيون خلال عطلة نهاية الأسبوع في 6-4 مايو 2019 ـ قتلت حقا امرأة حامل وابنتها أبو عرار البالغة من العمر 14 شهرا؟ صرحت بذلك وزارة الصحة في غزة ، على ضفاف نهر حماس ، على الفور من قبل سكاي نيوز في 6 مايو 2019 ، والإندبندنت في 5 مايو 2019 ، وشيكاغو تريبيون في 4 مايو 2019 ، وسي إن إن في 4 مايو 2019 . وفي حالة نادرة من الصدق الفكري، اضطرت إحدى الجماعات المسؤولة عن قصف إسرائيل، و هي حركة الجهاد الإسلامي في فلسطين، في وقت لاحق إلى الاعتراف بأن الطفل قد توفي عندما

"انفجر صاروخ المقاومة داخل منزل العائلة بسبب عطل فني، وانفجر قبل الأوان...".

لقول الحقيقة ، صادق حتى نقطة معينة حيث تم حذف الرسالة المنشورة على وسائل التواصل الاجتماعي لاحقا ...

مثال آخر على BS حدث خلال حرب غزة عام 2012 حيث صورت هيئة الإذاعة البريطانية مجموعة من الفلسطينيين يحملون رجلا جريحا يرتدي سترة وقميصا بيج إلى سيارة إسعاف بعد غارة إسرائيلية. بعد ثلاث دقائق كان نفس الرجل يمشي بصحة جيدة أمام الكاميرا!

ولكن هناك أيضا طائرات بدون طيار، كما حدث في جنين في عام 2002، والتي صورت ما لا يصدق. وخلال الجنازة، حمل أحد المتوفين المفترضين باليد، مغطى بقطعة قماش خضراء، على نقالة. ولكن ها هي المفاجأة: نظرا لأن القمامة تمايلت كثيرا ، رأى "الرجل الميت" أنه من المناسب الاستمرار سيرا على الأقدام بالقفز وزرع الذعر. كان من الممكن أن يصاب حقا ...

في بعض الأحيان (نادرا) يدفع شخص ما الفاتورة، كما حدث عندما تم فصل مصور رويترز لنشره صورا لانفجارات مع دخان أسود في بيروت ـ وكلها مزيفة ـ في أغسطس 2006.

سيتذكر شخص ما صورة جثة الطفلة ليلى الغندور البالغة من العمر ثمانية أشهر من مايو 2018 ، والتي نقلها أب فلسطيني إلى المستشفى في غزة قائلا إنها قتلت بقنبلة غاز مسيل للدموع إسرائيلية. صحيفة كورييري ديلا سيرا على الصفحة الأولى ولكن أيضا لوس أنجلوس تايمز ، الجارديان ، نيويورك تايمز ، هافينغتون بوست ، ميرور ، ديلي ميل ، واشنطن بوست ، كلها تقدس "الموت" على الحدود الإسرائيلية. بعد أن اخترعت قبل أسبوع أن ليلى "ماتت بسبب استنشاق الغاز المسيل للدموع" ، لم تستطع وزارة الصحة نفسها ، بقيادة حماس ، إلا أن تنكر نفسها. وقال المتحدث باسم الوزارة الدكتور أشرف القدرة إنه تم إجراء تحقيق وأن

"ليلى الغندور غير مدرجة ضمن الشهداء".

في يونيو 2008 تم اكتشاف حقيقة أسوأ. وكشف ناشط يبلغ من العمر 20 عاما يدعى عمر ، وهو أحد أقارب الضحية، اعتقل بعد أن اقتحم الحدود وأضرم النار في نقطة مراقبة عسكرية، ما يلي: وكان زعيم حماس نفسه، يحيى السنوار، قد أعطى والدي الطفلة ميريام وأنور غندور "8000 شيكل"، أي حوالي 2200 دولار أو 2000 يورو. لإخبار وسائل الإعلام أن الفتاة الصغيرة ماتت بسبب الاختناق من الغاز.

وهنا فحش صحفي آخر: Tg3 الوطني (طبعة 2.30 مساء بتاريخ 22 نوفمبر 2009) "أسعدنا" بلؤلؤة الحكمة الأصيلة. فيليبو لاندي، مراسل إسرائيل، متحدثا عن الصواريخ العديدة التي أطلقتها حماس باتجاه إسرائيل، جعلها تبدو كما لو أنها أطلقت فقط للفت الانتباه إلى الوضع الذي يعيشه سكان غزة.

الألعاب النارية بأي فرصة؟!؟

واحدة من أكثر القصص الخيالية إثارة، وبالتالي خطيرة للغاية، هي تلك التي بدأها رئيس الوفد الفلسطيني لدى الأمم المتحدة، رياض منصور، الذي كتب في أكتوبر 2015 إلى رئيس مجلس الأمن البريطاني ماثيو ريكروفت ليؤكد أن الجنود الذين قتلوا في القتال على يد الإسرائيليين أعيدوا إلى عائلاتهم مع حصاد أعضائهم. نفس الهراء أعاده مفتي المسجد الأقصى.

في الحقيقة ، تم تداول هذا الهراء منذ عام 2009 ، أو منذ مقال لصحيفة Aftonbladet ، وهي صحيفة سويدية على الإنترنت ، بتاريخ 2009. بدأ الصحفي من قصة إخبارية أمريكية ، شارك فيها حاخام أيضا ، لنفض الغبار عن صورة قديمة له التقطت في مناسبة أخرى: صورة الموتى "المخيطين". في الواقع ، تعود الجثة إلى متظاهر ، قتل منذ فترة طويلة في اشتباكات مستمرة مع الشرطة الإسرائيلية. وقد فتح القضاء الإسرائيلي تحقيقا، وأمر بتشريح الجثة قبل إعادة الجثة إلى الأسرة: الإدارة العادية، باختصار. الجمال (أو القبح) بالنسبة للسويدي هو أن جيروزاليم بوست اكتشفت الأخبار المزيفة ، أيضا لأنه حتى عائلة

المتوفى لم تشك أو تبلغ عن حصاد الأعضاء. وبالفعل، أنكرت عائلة بلال أحمد غانم، الفلسطيني الذي قتل في أيار/مايو 1992 خلال الانتفاضة الأولى والذي يزعم أنه تم جمع أعضائه، أن تكون قد اشتبهت في أي وقت مضى أو أبلغت "الصحفي" عن إزالة الأعضاء.

دونالد بوستروم، المعروف للجمهور السويدي بكتابه إن شاء الله: الصراع بين إسرائيل وفلسطين برر نفسه بالقول إنه لم يكتبه صراحة أبدا، لكن "الخياطة" ... الهيئة أثارت أسئلة".

وأخيرا، زاد من سوء صورته الهزيلة بإعلانه على محطة إذاعية إسرائيلية:

"على أي حال سواء كان ذلك صحيحا أم لا، ليس لدي أي فكرة، ليس لدي دليل" (!).

لإغلاق الدائرة، رفع الأخ جلال الرهان:

وقال "لا أعرف ما إذا كان هذا صحيحا ـ ليس لدينا أي دليل يثبت ذلك" وأضاف أنه وبعض زملائه القرويين يتذكرون رؤية مصور سويدي في القرية أثناء الجنازة تمكن من التقاط عدد معين من الصور للجثة قبل الدفن. واختتم قائلا: "كانت هذه هي المناسبة التي شوهد فيها المصور".

ربما حتى الأخير، لأنه من الأفضل له أن يختبئ لهذه المهزلة التي لا تستحق.

الآن سألقي عليك قنبلة فسفورية ... لا تقلق، كما يتضح من المعجبين الألف حول الاستخدام العشوائي المزعوم للقنابل الفوسفورية من قبل جيش الدفاع الإسرائيلي، الذي اخترع في يناير 2009. من أنكر هذه الخدعة التي لا تعد ولا تحصى؟ ليس نحن، ولكن مباشرة الصليب الأحمر الدولي، لا يلطف أبدا مع إسرائيل، في بيان تناولته صحيفة جيروزاليم بوست في 14 يناير:

"قال الصليب الأحمر الدولي يوم الثلاثاء إن إسرائيل أطلقت قذائف الفسفور الأبيض في هجومها على قطاع غزة، لكن ليس لديها دليل يشير إلى أنها تستخدم بشكل غير صحيح أو غير قانوني" (أي لإصابة الجلد وحرقه أو التسبب في إصابة مروعة).

في الواقع تم استخدامه من قبل الإسرائيليين "لإضاءة الأهداف في الليل أو إنشاء ستار دخان للهجمات النهارية" ، كما قال بيتر هيربي ، رئيس وحدة أسلحة الألغام في المنظمة ، لوكالة أسوشيتد برس. لاحظ ، لذلك ، استخدام شرعي من قبل الاتفاقيات الدولية.

هل تريد أن ترى تأثير قنبلة الباريوم الفوسفورية على طفل فلسطيني؟ لا تخبر أحدا ولكن الصورة المتداولة حول الأضرار المزعومة لهذه القنابل الإسرائيلية مأخوذة من صفحة ويكيبيديا الألمانية عن جدري الماء!

ربما تذهب جائزة خدعة العام إلى الأخبار التي تدور في كل مكان والتي تم إصدارها في 22 أكتوبر 2015 من قبل وكالة الأنباء الإيرانية FarsNews. هذا هو الأمر المتعلق بالعقيد الإسرائيلي الذي يزعم أنه اعتقل في العراق أثناء قتاله إلى جانب مقاتلي داعش.

لا نريد كسر الشاعرة الهزلية، لكن الشخص الذي يظهر في الصورة هو الرقيب أول أورون شاؤول، الذي قتلته حماس في 20 يوليو خلال عملية الجرف الصامد...

وماذا عن الصورة الشهيرة لصحيفة نيويورك تايمز ، على الصفحة الأولى من 30 سبتمبر 2000 والتي صورتها وكالة أسوشيتد برس ، والتي انتشرت في جميع أنحاء العالم بعنوان "شرطي إسرائيلي وفلسطيني في جبل الهيكل"؟ نرى في المقدمة شابا ذو وجه دموي، وخلفه شرطي إسرائيلي يلوح بهراوة خلال أيام الثورة ضد أرييل شارون في المسجد الأقصى.

الحقيقة هي أن الشاب كان طالبا يهوديا من شيكاغو ، توفيا غروسمان ، الذي استقل سيارة أجرة مع اثنين من أصدقائه في القدس في روش ها شانا ، رأس السنة اليهودية. قرر السائق أن يسلك طريقا مختصرا عبر الحي العربي في وادي الجوز، ولكن فجأة، هاجمته مجموعة من 40 عربيا حاصروا السيارة، وحطموا النوافذ وجروا الصبي إلى الخارج، وضربوه مرارا وتكرارا وركلوه وطعنوه في رجله ورشقوا رأسه بالحجارة. تمكن من تحرير نفسه وركض نحو شرطي كان هناك للدفاع عنه.

ومع ذلك، كان يكفي النظر إلى وجود محطة بنزين في الصورة، وغياب الكتابة العبرية، لفهم أنه لم يتم تصويرها في الحرم القدسي، كما هو محدد في التعليق. بعد أن تعرف الأب على ابنه ، اتصل في الواقع بصحيفة نيويورك تايمز التي اضطرت على مضض إلى نشر الإنكار.

كما حدث أن وكالة رويترز كانت قد عممت صورة تم فيها "حذف" خنجر، لوح به إرهابي على جندي إسرائيلي جريح، بمناسبة حادثة مافي مرمرة.

لكن دعونا نأخذ ، الأفضل من الأفضل ، بعض الخدع في تتابع سريع مثل تلك التي يعود تاريخها إلى 11 مارس 1997 عندما اشتكى الممثل الفلسطيني في الأمم المتحدة (لجنة حقوق الإنسان) من أن إسرائيل حقنت فيروس نقص المناعة البشرية في 300 طفل فلسطيني.

الأشياء الضاحكة التي تعاني من نقص الأكسجين هي ، مرة أخرى ، الأخبار المزيفة التي تستحق جائزة الأوسكار لعام 2002 والتي تم اختراعها بأن إسرائيل كانت ستلقي الحلوى المسمومة من طائرات الهليكوبتر.

وماذا عن عام 2003 المتعلق بتصنيع القنابل والألغام ، في شكل ألعاب ، يتم إسقاطها من الطائرات؟

يخاطر المرء بالسخرية المحمومة أيضا بالتفكير في الخطأ الحقيقي الذي ارتكبته وسائل الإعلام حول رجم في القدس من قبل اليهود الغادرين المعتادين (كورييري ديلا سيرا بتاريخ 4 يونيو 2011).

وانتشرت كذبة أخرى تعود إلى نيسان/أبريل 2012، وجاءت "الأخبار" من صحيفة "ليكسبريس" التي صورت جنودا إسرائيليين مزيفين يسيئون معاملة سجين فلسطيني زائف، ويهددونه بأسلحتهم. آه آسف ، أنا آخذ كل شيء مرة أخرى! لم يكن أكثر من تشريع للفلسطينيين في لبنان. ثم لا جدوى من الاعتذار كما فعلت الصحيفة المعنية.

تنعكس الحقيقة أيضا عندما تنشر Open مقطع فيديو لجنازة شيرين أبو عاقلة لإظهار كيف كانوا سيحاولون منعها من السير بسلاسة. وكان شقيقها أنطون قد قال لقناة الجزيرة إن العائلة، وهي مسيحية، أرادت نقل التابوت ـ وفقا لهذه الطقوس ـ على متن مقصورة. "سرق" الفلسطينيون التابوت عنوة وأرادوا المضي قدما سيرا على الأقدام ، وفيلقا على الكتفين ، وفقا للطقوس الإسلامية للشهيد (الشهداء). لهذا السبب تدخلت القوات الإسرائيلية لمتابعة رغبات الأقارب.

نختتم بالفائز بجائزة "الغامض ضد إسرائيل" في العقدين الماضيين، وهو "المخرج" محمد بكري بفيلمه "الوثائقي" جنين عام 2002 حول المعركة ضد الانتحاريين في تلك المنطقة. تمكن المفترى من الحديث عن القصف الجوي (بدون أي طائرات) ، و "مقبرة جماعية" حفرتها القوات الإسرائيلية (لم تكن موجودة أبدا) ، وتدمير جناح مستشفى (لم يستهدفه جيش الدفاع الإسرائيلي أبدا).

وماذا عن الشخص الذي تمت مقابلته والذي أبلغ عن طفل مثقوب برصاصة دخلت صدره وخرجت من ظهره؟ كان سينقذها باستخدام إصبع لفتح الشعب الهوائية في حلقه.

لا يوجد أي أثر لهذا الطفل ، بالطبع ، وأي طبيب يعرف أنه لا يمكن لأي طفل أن ينجو من مرور رصاصة عبر الصدر ، ولا يمكن فتح مجرى الهواء المسدود بإصبع.

دعونا نترك الهلوسة الأخرى لـ "المخرج" مثل تلك الخاصة بسيارة مصفحة لنقل القوات الإسرائيلية كان من شأنها أن تسحق الناس الملقين على الأرض ، والأطفال الذين قتلوا عمدا وقصة فلسطيني كان سيتم أسره وتقييد يديه وإطلاق النار عليه بنيران من مسافة قريبة. ولكن يا له من خيال حي ، هاه؟

دعونا نعترف بذلك.

الفصل 7 ـ اللوبي العربي

معلومات أحادية الاتجاه (مضللة)

وسائل الإعلام العالمية تكاد تكون متحالفة تماما لصالح الفلسطينيين. لا شك في ذلك. حتى أثناء غزو بوتين لأوكرانيا لم يكن هناك قوس يوحد هكذا، بطريقة مستعرضة، الأفكار السياسية والأديان والأمم والجماعات العرقية المختلفة، إن لم تكن متعارضة.

وفي الواقع ، حتى لو لم نكن مجهزين بتوم توم خاص ، فسنكون قادرين على العثور على الأخبار التي تفيد بأنه ، على سبيل المثال ، في عام 1988 ، قتلت تيرزا بورات ، وهي تلميذة بسيطة ، بالقرب من إيلون موريه خلال الانتفاضة الأولى. أو إذا وجدناها في فقرة هامشية للغاية ، فسنقرأ أنها كانت مسؤولة عن عدم البقاء طليقة من القرى الفلسطينية المضطربة (!).

العالم رأسا على عقب!

المزيد من الأمثلة؟ في أوائل عام 1988، تجمع الصحفيون في مستشفى المكبر في القدس لتصوير "عذاب" صبي فلسطيني "يحتضر" مع أنابيب الإنعاش والقنية في جسده. وقال الطبيب، الذي كان يعاني من دمعة فلسطينية قابلة للسحب، إن الطفل تعرض للضرب الوحشي على أيدي الجنود الإسرائيليين. أعادت جميع وسائل الإعلام (إذا جاز التعبير ...) اقتراح هذا دون تمحيص والذي ، مع ذلك ، كان مسرحا مثيرا حيث اكتشف لاحقا أنه وفقا لتشريح الجثة والسجلات الطبية للصبي ، توفي نفسه بسبب نزيف في المخ بعد مرضه لأكثر من عام!

يعرف الفلسطينيون أنهم عندما ينشرون أخبارا كاذبة ، فإنها ستنتشر مثل الذهب النفطي في جميع أنحاء العالم. بالنسبة لوسائل الإعلام ، فإن الأخبار المعادية لإسرائيل مستقلة عن الحقائق.

فرنسا 2 ، مرة أخرى ، أظهروا ذات مرة أطفالا ، ممدودين على ملاءة بيضاء ، يزعم أنهم ماتوا في القتال في غزة. وقد التقط هذا الفيديو للهواة في الواقع بعد مقتل هؤلاء الأطفال في انفجار شاحنة ذخيرة تابعة لحماس خلال عرض عسكري في غزة في أيلول/سبتمبر 2005.

لكن الحدث الأكثر خزيا كان عندما تم إعدام جندي الاحتياط الإسرائيليين يوسف أفراهامي وفاديم نوفيش، في بداية الانتفاضة الثانية، في 12 أكتوبر 2000 ، ثم قتلهما على يد سكان غاضبين في مركز للشرطة الفلسطينية في رام الله.

حسنا ، قام مراسل إيطالي شجاع من Canale 5 بتصوير كل شيء ؛ تلك الصور انتشرت في جميع أنحاء العالم. في أعقاب هذه الحلقة، من غير المعروف سبب تورطه ـ لكن لا يمكننا إلا أن نفترض لماذا فعل ذلك ـ كتب ريكاردو كريستيانو، مراسل راي من إسرائيل آنذاك، رسالة "كوميدي كابرز"، على ركبتيه تقريبا، يعتذر فيها للسلطة الوطنية الفلسطينية، ثم

نشرتها صحيفة الحياة الجديدة الخاصة بها؛ وفيها أفسد الصحفي الدؤوب كل شيء ليجعلهم يدركون أنه لم تكن راي هي التي غامرت، لكن ميدياست.

كما لو كانت ملاحظة جدارة أن يقوم المرء بعمله كمراسل!

استمتع (وارحم) بعض الحكايات المأخوذة من هذه الرسالة التي لا تنسى:

"أصدقائي الأعزاء من فلسطين، نهنئكم... نحن نحترم دائما وسنواصل احترام الإجراءات الصحفية للسلطة الفلسطينية للعمل الصحفي في فلسطين وموثوق بنا لعملنا الشامل. نشكرك على ثقتك ويمكنك أن تطمئن إلى أن هذه ليست الطريقة التي نتصرف بها (أي أننا لا نعمل مثل شبكات التلفزيون الأخرى). نحن لا ولن نفعل مثل هذه الأشياء. وتفضلوا بقبول أطيب تمنياتنا".

التوقيع: ريكاردو كريستيانو ممثل الشبكة الإيطالية الرسمية في فلسطين.

اضطر مينتانا، مدير TG5 الإيطالي، إلى «مقاطعة مراسلات مبعوثينا في المنطقة» ليكون في الجانب الآمن.

بعد ذلك بوقت قصير، أعلن المدير العام لراي بييرلويجي سيلي، الذي شعر بالحرج، أنه استدعى الصحفي المتهم إلى إيطاليا، باعتباره مؤلف نص "لم يكن راي على علم به ولا يتفق معه راي".

ضرب وزير الخارجية أفيغدور ليبرمان المسمار الذي، بشكل عام، يجعل الفكرة:

"... أنانية ما يسمى بالمثقفين الغربيين، المستعدين للتضحية بالشعب اليهودي على مذبح معاداة السامية المجنونة للمرة الثانية، لمجرد بيع بضعة كتب أخرى".

وفي مناسبة أخرى، روى هجوم على مطعم بيتزا في القدس في 9 أغسطس 2001 أسفر عن مقتل 15 شخصا، وصفت وسائل الإعلام الأكثر تباينا (ويأسا) إرهابيا بأنه "متشدد" (لوس أنجلوس تايمز، شيكاغو تريبيون، إن بي سي نايتلي نيوز).

وبالمثل، عندما قتل إرهابيون آخرون 4 إسرائيليين في سوبر ماركت في تل أبيب في 8 يونيو 2016، تحدثت بي بي سي عن "إطلاق نار" (فعلت سكاي نيوز الشيء نفسه).

وروى أندرسون كوبر من سي إن إن أن حماس داخل غزة تراقب المعلومات بدقة من خلال تتبع الصحفيين لمعرفة ما يفعلونه وإلى أين يذهبون.

خلال حرب يوليو 2014، أكد الصحفي البولندي فويتشخ سيجيلسكي:

"لم أستطع مقابلة أي شخص قال شيئا آخر غير الدعاية الرسمية دون موافقة حماس. لكن بعض الفلسطينيين، عندما تأكدوا من أن الميكروفون مغلق، أخبروني أنهم سئموا من الجحيم داخل غزة لكنهم خائفون".

كيسي من صحيفة وول ستريت جورنال ، جون ريد من صحيفة فاينانشال تايمز ، هاري الخوف من Rt يشتركون في أنهم تعرضوا للتهديد بالقتل لأنهم "تجرأوا" على ذكر إطلاق الصواريخ من قبل حماس.

وروى رجاء أبو دقة، وهو صحفي فرنسي فلسطيني، في ليبراسيون أنه اختطف من قبل حماس، واقتاده مقاتلو الجماعة الإرهابية بالقرب من مستشفى الشفاء إلى أحد المقرات، وكيف أمر بالمغادرة فورا، تحت طائلة عقوبة الإعدام. في وقت لاحق ـ ديمقراطيا ـ ألغى ليبراسيون مقالته. خمن لماذا...

في 22 مايو 2021 ، سمح مدير عمليات الأونروا في غزة ، ماتياس شمالي ، في مقابلة مع قناة تلفزيونية إسرائيلية لنفسه بعدم التشكيك في تأكيد الطقوس التي بموجبها "كانت الهجمات الإسرائيلية دقيقة".

فضيحه!

أرادت حماس من مسؤول الأمم المتحدة أن يسيء تمثيل نفسه وبالتالي يدعي أن الهجمات الإسرائيلية كانت عشوائية. في غمضة عين انعكس بتهور ، بعد أن عانى من الهجوم الوحشي على مكاتبه في غزة. واعتذر وقال إن الهجمات الإسرائيلية كانت "شرسة وعشوائية" وأسفرت عن "وفيات مدنية غير مقبولة ولا تطاق".

درجة BS المعتادة للإفلات من العقاب ، باختصار. لكن هذا لم يكن كافيا بالنسبة لحماس التي أعلنته من بين "الأشخاص غير المرغوب فيهم في غزة" وأصدرت مرسوما بطرده الفوري.

وبالمثل، وفقا لتقرير صادر عن مارفن، "تم تحذير المراسلين الأجانب عند مدخل [إحدى ضواحي بيروت الجنوبية] من أنهم لا يستطيعون المغادرة بمفردهم أو استجواب السكان. ولم يسمح لهم بالتصوير إلا متى وأين سمح لهم مساعدوهم في حزب الله، تحت التهديد بعقوبات قاسية. لذلك، فإن حرب العصابات التابعة لحزب الله غير موجودة في الصور لأن الأمر كما لو أن حزب الله لم يشن أي حرب".

تم نقل نيك روبرتسون من سي إن إن إلى منطقة في بيروت وألمح "مرشد" حزب الله:

"لا تذهب إلى هناك دون إذنهم".

روى أندرسون كوبر ، زميل روبرتسون في سي إن إن ، واحدة من العديد من القصص الخيالية: في إحدى الجولات ، أظهر حزب الله سيارات الإسعاف وادعى أنها كانت تنطلق لنقل الضحايا المدنيين والجرحى بينما ، في الواقع ، كانوا يذهبون ذهابا وإيابا فارغين! إليك ما اعترف به المساهم في مجلة تايم كريستوفر ألبريتون:

"جنوبا، على طول منحنى الساحل، يطلق حزب الله الكاتيوشا، لكنني متردد في قول الكثير عنها. حزب الله لديه نسخة من جواز سفر كل صحفي، وقد ضايقوا بعضنا بالفعل وهددوا أحدهم".

ودعما لذلك، اعترف جان بيير مارتن أيضا:

"كنا نصور بداية المظاهرة. فجأة مرت شاحنة صغيرة على عجل إلى الداخل. في الداخل كان مقاتلو الفتح. أعطوا الأوامر ووزعوا زجاجات المولوتوف. كنا نصور. لكنك لن ترى هذه الصور أبدا. في غضون ثوان أحاط بنا جميع الشبان وهددونا واقتادونا إلى مركز الشرطة. هناك ، تم التعرف علينا ولكننا أجبرنا أيضا على حذف جميع الصور المثيرة للجدل. هدأت الشرطة الفلسطينية الوضع لكنها فرضت رقابة على صورنا. لدينا الآن دليل على أن أعمال الشغب تلك لم تكن عفوية. كل الأوامر جاءت من التسلسل الهرمي الفلسطيني".

وفي مناسبات أخرى، يقدم الفلسطينيون مباشرة لقطات من أعمال الشغب والاحتجاجات والجنازات، و"لا توجد طريقة على الإطلاق لضمان صحة ما يتم تصويره"، كما كتب مراسل سي إن إن ستيفن إيمرسون. وأضاف: "في الوقت الذي يكافح فيه الإرهاب السياسي الفلسطيني في الضفة الغربية من أجل تصدر عناوين الصحف، يتم الإبلاغ عن حكايات طويلة صريحة عن الوحشية الإسرائيلية دون نقد".

باختصار، الشبكات الأمريكية "كانت متواطئة في خداع هائل حول الصراع في الضفة الغربية".

كما يعزز مفهوم بيير ريهوف ، الاسم المستعار لبيير مالفين ، المخرج والكاتب والصحفي الفرنسي:

"في الضفة الغربية يتم التعامل مع "مترجمين" فلسطينيين مدربين على مرافقة الصحفيين وإظهار ما يسمح لهم برؤيته فقط وفقا للقادة الفلسطينيين. في جميع أنحاء الشرق الأوسط، يتعرض الصحفيون للتهديد، باستثناء إسرائيل".

وإذا لم يكن ذلك واضحا بما فيه الكفاية ، فقد أضاف:

"بينما كنت أعمل على أحد أفلامي الوثائقية، قدم لي الفلسطيني الذي كان يقود طاقمي سبقا صحفيا. وبما أنني فرنسي، فقد افترض أنني مؤيد للفلسطينيين. "هل تعرف ما الذي يتصدر عناوين الصحف؟" هو أخبرني. عندما يقتل جندي إسرائيلي صبيا. هل أنت متداخل؟ يمكننا تنظيمه مقابل عشرة آلاف دولار. يمكننا تحقيق ذلك. هل كان يتحدث عن جريمة قتل مدبرة أم حقيقية؟ لم أجرؤ على السؤال". ويخلص بيير ريهوف بمرارة: "جميع المحررين يقولون الشيء نفسه: إذا لم تكن هناك نغمة معادية لإسرائيل، فنحن لسنا مهتمين".

ولم تذكر وكالة أسوشيتد برس، التي ربما تكون أهم مزود للأخبار في العالم، 15 هجوما إرهابيا بين آب/أغسطس 1998 وآب/أغسطس 2003، أكثر من 8 هجمات من هذا القبيل ضد إسرائيليين. وبالمثل، في كتيب سنوي يحتوي على صور (2003)، من بين 130 صورة للمعاناة الإنسانية، أشارت 6 صور فقط إلى الصراع العربي الإسرائيلي.

خمن من هم الضحايا المزعومون في هذه الصور؟ جميع الفلسطينيين.

سهل ، أليس كذلك؟

في صيف عام 2009، قام الاتحاد الدولي للصحفيين بتطهير الصحفيين الإسرائيليين من جمعيته، في حين أن أولئك الذين يمجدون الطغاة في الشرق الأوسط ظلوا في أماكنهم بشكل مريح. باختصار ، تتم مكافأة البلدان التي تكون فيها الحرية الوحيدة الممكنة هي الالتزام بالتصفيق.

وفي الوقت نفسه، وعلى موقع الاتحاد على شبكة الإنترنت، وتحت عنوان "الشرق الأوسط"، حذفت إسرائيل عن طريق الجهل واستعيض عنها ب "فلسطين" وعاصمتها القدس.

وفي آب/أغسطس 2002، منع اتحاد الصحفيين الفلسطينيين زملاءهم الصحفيين من تصوير أطفال فلسطينيين يحملون السلاح أو يتعاونون في أنشطة الجماعات الإرهابية؛ كما حظرت نقابة أخرى (نقابة الصحفيين الفلسطينيين) تصوير الرجال الملثمين.

عندما اندلعت احتجاجات في غزة في يوليو/تموز 2004 ضد فساد السلطة الوطنية الفلسطينية وعرفات ـ وهي الاحتجاجات التي سبق أن أوضحناها على نطاق واسع ـ تلقى الصحفيون الفلسطينيون الذين تحدثوا عنها تهديدات بالقتل، فضلا عن تعرضهم لاعتداءات جسدية فعلية. بعد هذه الأحداث ذهب حوالي 100 صحفي فلسطيني إلى عرفات ربما للاحتجاج وتوحيد الجهود من أجل حرية المعلومات؟ ولا حتى قريبة!

وقدموا أنفسهم، وهم على ركبهم تقريبا، ليطلبوا بتواضع وضع حد للعنف ضدهم.

حتى تقرير 6 أبريل/نيسان 2011 الصادر عن منظمة هيومن رايتس ووتش المعادية لإسرائيل اضطر إلى الاعتراف بالعنف ضد الصحفيين الفلسطينيين ـ خاصة في الضفة الغربية وغزة (التعذيب والضرب والاحتجاز التعسفي) ـ من قبل قوات الشرطة المحلية.

كما تتظاهر وسائل الإعلام بأنها لا تعرف أن القادة والدعاة العرب، عندما يتحدثون إلى الغرب، يقولون شيئا واحدا، عندما يخاطبون عالمهم باللغة العربية، فإنهم يعبرون عنه بطريقة مختلفة، إن لم تكن معاكسة.

كما رأينا كان ياسر عرفات سيد الباطل في هذا أيضا.

إليكم ما اكتشفته قناة ميمري حول ما يسمى بالمبادئ التوجيهية التي نشرتها وزارة الداخلية التابعة لحماس على الصحفيين الغربيين الموجودين في قطاع غزة.

تحت عنوان كن على دراية ـ حملة توعية نشطاء وسائل التواصل الاجتماعي ، يوصى (اقرأ مفروضا) ، على سبيل المثال ، بأن "أي شخص يقتل أو يستشهد في غزة أو فلسطين يجب تعريفه على أنه "مدني بريء" حتى لو كان إرهابيا. وسيتعين بالضرورة تقديم كل قصة على أنها "ردا على الهجوم الإسرائيلي الوحشي". ومع ذلك ، إذا كان المصدر إسرائيليا ، فيجب في حد ذاته تقييمه من بين "المصادر غير الموثوقة".

ثم هناك مجموعة أخرى من النصائح للنشطاء الذين ينشرون معلومات تستهدف الغرب من خلال وسائل التواصل الاجتماعي والإنترنت ومقاطع الفيديو:

"تجنب الدخول في جدال مع غربي يهدف إلى إقناعه بأن الهولوكوست كذبة. هذا النوع من الحديث لا يؤتي ثماره. بدلا من ذلك حاول مساواة المحرقة بالاحتلال".

لذا فإن المشكلة ليست أنه من الخطأ إنكار الهولوكوست ، ولكن أنه لا يدفع ...

BDS

من الصعب تصديق ذلك ـ أو ربما اعتدنا على كل شيء الآن ـ لكن مقاطعة الصراع العربي الإسرائيلي ليست موجهة ضد الإرهابيين، بل ضد الديمقراطية الإسرائيلية. بالطبع يجدون دائما مبررا للإرهاب. إنهم مجبرون على الفقر.

حسنا الآن؟ إذا لم يكن هناك الكثير من المتاعب ، فلنسمع ، على سبيل المثال ، ابن عم أحد الانتحاريين الفلسطينيين الذي فجر نفسه في مركز تجاري للمشاة في القدس في عام 2001 ، مما أسفر عن مقتل 10 أشخاص تتراوح أعمارهم بين 14 و 21 عاما:

"هذان الاثنان لم يحرما من أي شيء".

لذلك لا ينبغي أن يكون مفاجئا أنه في حين سقط ما يقرب من 500 صاروخ على إسرائيل من غزة ، لم يكن لدى محكمة العدل التابعة للاتحاد الأوروبي أي شيء آخر تفكر فيه سوى وضع علامة على المنتجات الإسرائيلية من الأراضي "المتنازع عليها" بعبارة مقاطعة خاصة. لا يعني ذلك اتخاذ أي إجراء من هذا القبيل ، على سبيل المثال ، ضد النفط التركي في قبرص المحتلة ، أو الأسماك المغربية من الصحراء الغربية ، أو المنتجات الصينية من التبت.

لا، فقط ضد الإسرائيليين...

على مر السنين تنافسوا مع بعضهم البعض ليكونوا أكثر خصوما لإسرائيل. غادر صندوق النفط النرويجي إفريقيا وإسرائيل وانسحب من دانيا سيبوس. لم تعد التعاونية السويدية تبيع آلات ستريم صودا الإسرائيلية؛ لم يعد مستشفى جامعة فالديسيان في لوزان، أحد مجمعات المستشفيات الأوروبية الرئيسية، يرغب في تخزين المياه المعدنية الإسرائيلية؛ الاتحاد النرويجي الكبير El &It Forbundet يقاطع نظيره الإسرائيلي الهستدروت.

الكثير من أجل "اللوبي اليهودي" الذي يحكم كل شيء!

وعلى الرغم من أنه يقال أيضا إن اليهود يسيطرون على الاقتصاد، إلا أن العديد من معاهد الأعمال الأوروبية بدأت بمقاطعة البنوك الإسرائيلية. لم يعد البنك الدنماركي الأكثر أهمية، بنك دانسك، يرغب في إقامة علاقات مع حزب هبو عليم الإسرائيلي؛ صندوق التقاعد الهولندي الأكثر شهرة، Pggm، لم يعد يستثمر في خمس مؤسسات مالية تابعة للدولة اليهودية. أنهى فيتنز، أول صندوق تقاعد هولندي، علاقته مع نظيره الإسرائيلي ميكوروت.

كلهم خاضعون للفكر الواحد المؤيد للفلسطينيين.

في عام 2011 في النرويج ، تم منع آلان ديرشوفيتز ، وهو محام معروف وأستاذ جامعي ، من دخول جميع الجامعات النرويجية التي كان من المفترض أن تستضيفه لسلسلة من الدروس المجانية حول القانون الدولي. كل ذلك باسم مقاطعة معادية لإسرائيل.

خمن فقط من تجرأ سابقا على مقاطعة ديرشوفيتز؟ الفصل العنصري في جنوب أفريقيا لأنه كان محامي مانديلا!

وسيكون من المفيد أن نفهم ما الذي تغير منذ عام 1974 عندما اتحد المثقفون الإيطاليون، على سبيل المثال، في الوقوف علنا إلى جانب إسرائيل، وبالتالي إلى دولة ديمقراطية دون ادعاء وبدون تمييز ودون غموض.

في ذلك العام، بعد عام من حرب يوم الغفران، تعهدت قائمة من كبار الشخصيات من الثقافة والفنون والترفيه (مثل أرنولدو فوا) بمقاطعة حتى اليونسكو، وكالة الأمم المتحدة للثقافة والتعليم حتى تتوقف عن كونها مؤيدة للفلسطينيين.

كان تضامن المثقفين مع إسرائيل قد تجسد بالفعل في عام 1967 في باريس ببيان مطلوب وصاغه العديد من المثقفين المرموقين ، بما في ذلك بابلو بيكاسو وسيمون دي بوفوار وسارتر.

وأيضا في إيطاليا ، خلال حرب الأيام الستة ، تم التوقيع على نداء ، من بين أمور أخرى ، من قبل أليساندرو جالانتي جاروني ونوربرتو بوبيو وما إلى ذلك.

"في مواجهة العدوان العربي على إسرائيل والتهديد القاتل الذي ... يخيم على الشعب الإسرائيلي نحن، الديمقراطيون المناهضون للفاشية، المخلصون لقيم الحرية والاستقلال والعدالة، نشهد معا على شعورنا بالتضامن الكامل مع جمهورية إسرائيل".

لقد قرأت ذلك بشكل صحيح، وإذا لم يكن ذلك كافيا، فقد تم التوقيع على دعوة أخرى للجميع "لبذل كل جهد ممكن على الفور لحماية شعب ودولة إسرائيل"، على سبيل المثال، من قبل أعظم مخرج، ربما في كل العصور، وهو الإيطالي فيديريكو فيليني.

كيف انعكست المواقف اليوم ، مع الإرهاب الذي يلوح في الأفق ، هو لغز (أو ربما لا).

ومع ذلك ، حتى ذلك الحين ، كانت هناك أمثلة من بلد فقدان الذاكرة مثل ، على سبيل المثال ، الفاشي السابق داريو فو الذي عارض مشاركة الكتاب الإسرائيليين في المهرجان الأدبي لعام 1970 في ميلانو. وفقا لفكرته الغريبة ، قاتل فتح من أجل "التحرير الفلسطيني" (اقرأ الإرهاب) ، على غرار ما فعله الثوار في حرب التحرير الإيطالية (من النازية الفاشية).

قالها ، RSI السابق ، الذي ربما قاتل ضد ... اللواء العبري!

وكيف نعلق ألبرتو آسور روزا ، الأكاديمي والناقد الأدبي ، الذي كان لديه في وقت حرب الخليج الأولى الجرأة على القول إن اليهود يسعون إلى "التأكيد الوحشي ولكن الحتمي على التفوق العرقي اليهودي".

لا نعرف ما علاقة اليهود بالصراع الذي شهد احتلال العراق للكويت ، والذي ردت عليه الولايات المتحدة (وحلفاؤها) عسكريا.

من بين اليهود أنفسهم أولئك المملوءين بالكراهية ضد إسرائيل الكونتيسة؛ على سبيل المثال تلك الروح النبيلة للأمريكي ريتشارد فولك، حتى أنه طرد من هيومن رايتس ووتش، لأنه

كان يهتف بأن 9/11 كانت مؤامرة أمريكية صهيونية، لم ينقذنا، في مدونته، من الرسوم الكاريكاتورية المعادية للسامية التي تصف الإسرائيليين بالنازيين.

لا يختلف اللغوي والفيلسوف اليهودي الأمريكي الشهير نعوم تشومسكي: "لا أرى أي آثار معادية للسامية في إنكار وجود غرف الغاز ، أو حتى الهولوكوست".

إنه نفس الشخص، لفهم بعضنا البعض، الذي دافع عن منكر الهولوكوست روبرت فوريسون منذ حوالي 35 عاما؛ ووفقا له، لم يكن أكثر من "أستاذ محترم" معروف ب "النقد الموثق" و "أبحاثه التاريخية المكثفة".

وضع "المحرقة" عمدا بين علامتي اقتباس ...

الضغينة ضد إسرائيل لديها العديد من المتحولين. لنأخذ حالة المديرين التنفيذيين في هيومن رايتس ووتش: أشاد جو ستورك، نائب مدير قسم الشرق الأوسط، بمذبحة الرياضيين الإسرائيليين في أولمبياد ميونيخ وحضر مؤتمرا مناهضا لإسرائيل مع الدكتاتور صدام حسين.

ومارك جارلاسكو؟ ولسنوات كان الخبير العسكري الرئيسي للمنظمة ومراسلها الحربي في غزة أيضا. ولم يمر يوم واحد دون أن يهاجم إسرائيل علنا واصفا الإطلاق القانوني لمقذوفات الفسفور (لإضاءة ساحة المعركة) في غزة بأنه "جريمة حرب". ومع ذلك ، في الليل ، على غرار باتمان ، ولكنه معاد للسامية ، احتدم على الإنترنت باسم "Flak88" مع الصليب المعقوف المعروض كصورة رمزية. بالمناسبة ، Flak هو سلاح ألماني و 88 ، في رمز النازيين الجدد ، يتوافق مع "Heil Hitler" (الحرف الثامن من الأبجدية). بهذه الهوية الجديدة ، في المنتديات المتطرفة ، أشاد بالنازية وكتب مراجعات تمجد الكتب المؤيدة لهتلر. كان على هيومن رايتس ووتش أن تنأى بنفسها في النهاية وبالنسبة لهم ، حتى الآن ، يبدو الأمر كما لو أنه لم يكن موجودا أبدا.

أوضح سارتر نبويا: "إذا لم يكن اليهودي موجودا ، فإن معاداة السامية ستخترعه".

حذر مؤرخ الهولوكوست البارز راؤول هيلبرغ:

"كانت المقاطعة الاقتصادية ضد اليهود في ألمانيا النازية الخطوة الأولى نحو الهولوكوست. نفس العقيدة "Raus mit euch" (أخرج معك) تجرح الآن دولة إسرائيل. التهديد النازي "Kauf nicht bei Juden" عاد ... [لا تشتري من اليهود N.d.A.]".

وهكذا يبدو أن النازي ليس أكثر من جد حركة المقاطعة وسحب الاستثمار والعقوبات أو حركة المقاطعة وسحب الاستثمارات والعقوبات ضد إسرائيل (المقاطعة وسحب الاستثمارات والعقوبات ضد إسرائيل).

ومن المفارقات أن اليهود يديرونها أيضا (مثل إيلان بابي ، جدعون ليفي ، أميرة هاس ، الأمريكي بيتر بينارت ، إلخ).

لا تتعامل حركة المقاطعة مع "إمبرياليات" أخرى مثل تركيا التي احتلت ثلث قبرص منذ عام 1974 ب 40,000 جندي عن طريق نقل السكان الأتراك قسرا من الأناضول، أو احتلال المغرب في الصحراء الغربية، أو حتى التبت. لكن إسرائيل نعم!

وأكد عمر البرغوثي أن "فكرة الدولتين لم تكن مقبولة منذ البداية"، مضيفا أن "إنهاء السيطرة الإسرائيلية على الضفة الغربية ليس سوى الخطوة الأولى على طريق تفكيك إسرائيل".

من الصعب فهم علاقة تدمير إسرائيل بالدفاع عن الفلسطينيين.

مثال على أهدافهم: تم إغلاق مصنع صودا ستريم، ومقره في بلدة ميشور أدوميم بالضفة الغربية حيث يعمل مئات الفلسطينيين، بعد مقاطعة حركة المقاطعة. فقد المئات من العمال الفلسطينيين (وأسرهم) وظائفهم، ولكن حركة المقاطعة ابتهجت في ظل الهجمات ـ وهي محقة في ذلك ـ من العاطلين عن العمل الجدد.

حتى المتحدث باسم BDS ، مغني بينك فلويد روجر ووترز ، صرخ على النحو التالي:

"اللوبي اليهودي يسيطر على كل شيء، حتى هوليوود".

ومن هنا نستنتج أن نجاحه ينبع أيضا من "جواز المرور" اليهودي ...

أحد رعاة وإلهام حركة المقاطعة هو زعيم أمة الإسلام، النازي الجديد فرخان، الذي يعتبر اليهود بالنسبة له "النمل الأبيض".

في 27 أبريل/نيسان 2021، أصدرت هيومن رايتس ووتش تقريرا من أكثر من 200 صفحة يعيد صياغة الشعار المضحك المعتاد بأن إسرائيل تعاني من "الفصل العنصري" المتضخم.

خمن من هو المؤلف الرئيسي لهذا التقرير؟

نعم، على وجه التحديد عمر شاكر الناشط في حملة المقاطعة وسحب الاستثمارات وفرض العقوبات (BDS).

لتقريب القبح ، لؤلؤة أخيرة: أصدرت حماس والمقاطعون ، جنبا إلى جنب ، صورة "لطيفة" ل Covid-19 على شكل نجمة داود.

يعيش الذوق السليم!

كان الصوت في الصحراء هو البرلمان الألماني البوندستاغ الذي وافق بأغلبية كبيرة على اقتراح يصنف فيه BDS على أنه معاد للسامية وبالتالي سيحرم من الحوافز والتمويل العام المكفول لجميع الجمعيات غير الربحية.

المشكلة ليست في المقاطعة، التي هي بالتأكيد تعبير حر غير ملموس عن الفكر، ولكن هذا غالبا ما يستند إلى الأكاذيب.

أخيرا إليكم ما كتبه مارتن لوثر كينغ في "رسالة إلى صديق مناهض للصهيونية" في عام 1967:

"اسمعني يا صديقي العزيز، إذا كنت غاضبا من إسرائيل فأنت معاد للسامية".

وأوضح المفهوم أكثر:

"ما هي معاداة الصهيونية؟ إنه رفض الشعب اليهودي لهذا الحق الأساسي الذي نطالب به بحق لشعوب أفريقيا ولجميع أمم الأرض. إنه تمييز ضد اليهود، يا أصدقائي، لأنهم يهود. باختصار، هذه معاداة للسامية... دع كلماتي هذه يتردد صداها في أعماق روحك: عندما ينتقد الناس الصهيونية، فإنهم يقصدون اليهود. لا يوجد خطأ في ذلك".

علاوة على ذلك، عندما اقترب منه طالب هاجم الصهيونية، كرر مارتن لوثر كينغ:

"عندما ينتقد الناس الصهاينة، فإنهم يقصدون اليهود. أنت تدلي ببيان معاد للسامية".

تحت عباءة معاداة الصهيونية.

أوباما يكذب

دعونا نبدأ من النهاية؛ دعونا نفضح المألوف في اللوبي اليهودي، أو، بشكل أصح، دعونا نحلل أيضا الوجه الآخر للعملة، أي اللوبي العربي، وبالتالي المؤيد للفلسطينيين، الذي ولد حتى قبل إسرائيل.

القناعة، التي استقرت الآن ولكن ليست ذات مصداقية على الإطلاق، هي أن المملكة المتحدة والولايات المتحدة ساعدتا الإسرائيليين بطريقة موحدة ومستمرة. هل تتذكر كيف أعطت بريطانيا العظمى 4/3 من أرض الميعاد للمملكة الهاشمية المنشأة حديثا والتي ستأخذ اسم الأردن؟

لم يكن هذا هو الدعم البريطاني الوحيد: فقد قامت لندن بتسليح وتدريب الفيلق الأردني بقيادة ضابط بريطاني. وماذا عن ما يسمى بالكتاب الأبيض حول الهجرة اليهودية إلى فلسطين (في حين أن البريطانيين أنفسهم سمحوا ، بل سهلوا ، وصول العرب بأعداد كبيرة)؟

من بين أمور أخرى، إذا كانت المملكة المتحدة مؤيدة لإسرائيل، فليس من الواضح لماذا ـ في واحدة من حالات الإرهاب الإسرائيلي النادرة جدا ـ تم تفجير فندق الملك داوود، الذي كان يضم المقر العسكري للاحتلال البريطاني. بالمناسبة ، تجدر الإشارة إلى أن 28 بريطانيا لقوا حتفهم فقط لأنهم كانوا غافلين عن الإنذار الذي تم إثارته قبل الانفجار ، حيث تم تحذير جميع ركابها قبل تفجيره حتى يتمكنوا من الإخلاء.

والولايات المتحدة الأمريكية؟ من غير المعروف أن وزارة الخارجية الأمريكية حظرت شحنات الأسلحة إلى الشرق الأوسط في 5 ديسمبر ، بعد أيام فقط من تبني قرار التقسيم الذي حذره العرب بالفعل من أنهم سيعارضونه بالعنف. وهو حصار من الواضح أنه بدلا من أن يكون عادلا، لا يضر إلا بأولئك الذين ليس لديهم دولة منظمة، وبالتالي جيش يتمتع بأسلحة نسبية.

حذر وكيل وزارة الخارجية روبرت لوفيت من أنه "بخلاف ذلك، يمكن للعرب استخدام أسلحة من أصل أمريكي ضد اليهود، أو يمكن لليهود استخدامها ضد العرب". لقد استعصى عليه أن العرب كانوا يمتلكونها بالفعل قبل الحرب.

ضع في اعتبارك أن رؤساء الولايات المتحدة الثلاثة في ذلك الوقت أيدوا هذا الظلم.

علاوة على ذلك ، لم يكن الحلفاء خلال الحرب العالمية الثانية على استعداد لدعم الهجرة اليهودية إلى فلسطين حتى عندما كان من الواضح أن اليهود يريدون الهروب من هتلر. من بين ضحايا النازية اليهود الذين لجأوا إلى الخارج بين عامي 1935 و 1943 ، استقر 8.5٪ فقط في فلسطين. حددت الولايات المتحدة قبولها بـ 182,000 يهودي (أقل من 7٪) ، والمملكة المتحدة إلى 67,000 (أقل من 2٪). الغالبية العظمى ، أي 75 ٪ ، وجدت ملجأ في الاتحاد السوفيتي.

سنرى هذا في فقرة ثورية خارج الموضوع في نهاية هذا الكتاب. نتوقع هنا أن الأمريكيين كرروا التأكيد على أنه لا ينبغي معاملة اليهود بشكل مختلف عن أي مجموعة أخرى ، وبالتالي ، عارضت الوزارة مساعدات الصليب الأحمر الأمريكي للاجئين في فلسطين.

الأسلحة الوحيدة التي وصلت إلى الإسرائيليين، للدفاع عن أنفسهم من العدوان العربي ، جاءت من تشيكوسلوفاكيا ، ومعظمها كمواد مهربة.

بعد ذلك ، زود الفرنسيون والبريطانيون العرب بالأسلحة والمعدات ، مع الحفاظ على الحظر المفروض على اليهود بنفاق. في الواقع ، في أواخر عام 1948 وأوائل عام 1949

، كان من الطبيعي رؤية طائرات سلاح الجو الملكي البريطاني تحلق جنبا إلى جنب مع الأسراب المصرية على طول الحدود الإسرائيلية المصرية.

ومع ولادة الأمم المتحدة في نيسان/أبريل 1945، ظهر رسميا أيضا اللوبي العربي المنظم، بالنظر إلى أن خمس دول عربية كانت تتباهى بالفعل بوفود رسمية في سان فرانسيسكو (مصر والعراق والمملكة العربية السعودية وسوريا ولبنان)؛ وكانت ثاني أكبر الوفود التسعة والأربعين، بالإضافة إلى منظمات أخرى مؤيدة للعرب.

وفي الوقت نفسه، تم افتتاح مكتب إعلامي عربي في واشنطن وبدأ المتحدثون المؤيدون للعرب في الضغط على حرم الجامعات حيث سيظهر المجتمع المدني الجديد للمثقفين الأمريكيين.

ولا ينبغي لنا أن ننسى عمل المستعربين في وزارة الخارجية الأمريكية والمبشرين البروتستانت الأمريكيين.

كما غادر لوبي شركات النفط من سان فرانسيسكو ، التي مولت بالكامل الوفد السعودي ومجموعة من الصحفيين الأمريكيين المهمين لصالحهم. ثم الممثل الصهيوني إلياهو إيلاث:

"على الرغم من التزمت الوهابي التقليدي، كان العرب على متن السفينة يشربون نخب الصحفيين بشيء أقوى من عصير الليمون أو كوكا كولا".

ومع ذلك ، كان الممثلون اليهود مجزأين مع عدم وجود سياسة رسمية مشتركة.

كان تأثير اللوبي العربي، على سبيل المثال لا الحصر، هو أن رئيس تشيلي ـ الذي كان يود التصويت لصالح التقسيم ـ أقنعه العرب بتحويل تصويته إلى امتناع عن التصويت. وينطبق الشيء نفسه على السفير اليوناني الذي اعترف بأنه أبرم صفقة مع الدول الإسلامية نيابة عن بلده. سيصل الدعم العربي لليونان لاحقا إلى قضايا أخرى عزيزة على اليونانيين.

ولكن حتى في أوروبا يصرخ السجود للفلسطينيين طلبا للانتقام.

حتى فرانشيسكو كوسيغا (الرئيس السابق للجمهورية الإيطالية) اعترف بذلك، متهما إيطاليا بالسماح للإرهاب الفلسطيني بضرب أهداف يهودية على الأراضي الإيطالية، ضمن ما يسمى لودو مورو (رئيس الوزراء الإيطالي السابق).

وفي مقابلة نشرت في 3 أكتوبر/تشرين الأول 2008 مع صحيفة يديعوت أحرونوت الإسرائيلية كثف:

"في مقابل "اليد الحرة" في إيطاليا ، ضمن الفلسطينيون أمن دولتنا و [حصانة N.d.A.]من الأهداف الإيطالية خارج البلاد من الهجمات الإرهابية. طالما أن هذه الأهداف لا تتعاون مع الصهيونية ودولة إسرائيل".

كان البند بمثابة نوع من الترخيص لقتل اليهود ، "أنصار الصهاينة" ، على الرغم من اتفاق مورو.

كان استنتاج كوسيجا قطعيا: "لقد بعناك".

و هذا يشير بوضوح إلى الهجوم الشهير على كنيس روما في 9 تشرين الأول/أكتوبر 1982، الذي قتل فيه ستيفانو غاج تاشي البالغ من العمر عامين وجرح 37 شخصا.

لماذا؟

منذ 18 يونيو 1982 ، أبلغت SISDE (الخدمة الديمقراطية للمعلومات والأمن) عدة مرات عن "سلسلة من الهجمات ضد أهداف يهودية إسرائيلية أو أوروبية".

في 27 يونيو، جددت SISDE التحذير، مع "مذكرة سرية"، والتي بموجبها "فكرت" مجموعات من الطلاب الفلسطينيين في شن هجمات ضد أهداف يهودية في روما، وخاصة الكنيس.

وفي مذكرة أخرى مؤرخة في 27 آب/أغسطس 1982، تم الكشف عن طلب غير رسمي من الفدائيين إلى إيطاليا من أجل "الاعتراف بمنظمة التحرير الفلسطينية وقضية الشعب الفلسطيني". وأضيف أن منظمتين داخل منظمة التحرير الفلسطينية، هما الجبهة الشعبية لتحرير فلسطين بزعامة جورج حباش والجبهة الديمقراطية الشعبية لتحرير فلسطين التابعة لحواتمة، كانتا بالفعل تهربان قوات الكوماندوز التابعة لهما إلى أوروبا.

وفي وقت لاحق، في الفترة من 18 حزيران/يونيه إلى 9 تشرين الأول/أكتوبر، أرسل 16 تقريرا عن هجمات محتملة في إيطاليا: آخرها في 2 تشرين الأول/أكتوبر، أي قبل أسبوع من الهجوم. الأكثر وضوحا ودقة هو بتاريخ 25 سبتمبر ـ الذي أرسل أيضا للعلم إلى وزارة الداخلية ـ والذي أكد فيه SISDE إمكانية وقوع هجمات من قبل المجموعة الفلسطينية المنشقة بقيادة أبو نضال.

"قبل أو أثناء أو بعد يوم الغفران مباشرة ، والذي سيصادف هذا العام في 27 سبتمبر".

وعلاوة على ذلك، وصل تحذير محدد أيضا من السفارة الإسرائيلية في الأشهر نفسها.

ولم تقم الحكومة بحماية الكنيس، بل إن المراقبة لم تكن مجرد زيادة فحسب، بل إن سيارة الشرطة التي كانت تتمركز عادة هناك بمناسبة الأعياد أو الاحتفالات الدينية لم تكن موجودة في 9 تشرين الأول/أكتوبر.

تم ترتيب مراقبة الكنيس والحي اليهودي فقط من الساعة 7 مساء إلى 7 في صباح اليوم التالي.

لماذا؟ يمكننا جميعا تخمين الإجابة.

يمكن لأي شخص التحقق من مدى قوة الضغوط المعادية لإسرائيل في الفيلم الوثائقي الأمريكي "أنييلي" لعام 2017 ، المرئي على سكاي. نحن في فترة الأزمة التي بدأت في عام 1973 (أول صدمة نفطية بعد حرب يوم الغفران) وتحتاج فيات إلى رأس مال أجنبي على الفور. جياني أنييلي يبيع 10٪ من فيات إلى القذافي (1976) ، ثم يتصل هاتفيا بصديقه المصرفي ميشيل ديفيد ويل ، الذي يروي:

"قال لي أن أستقيل لأن الشركاء الجدد لم يكونوا يرغبون في رؤية لقب يهودي على مجلس إدارة فيات. وبعد ذلك ، وداعا".

أنييلي؟

"رجل خال تماما من المشاعر. هكذا هو".

بعد عقود مقبلة، بعد اتفاقات أوسلو، بدأت الولايات المتحدة، بعد جميع الدول الأخرى في العالم، في توفير أموال اقتصادية هائلة للفلسطينيين. نحن نتحدث عن الرقم المذهل لأكثر من 5 مليارات دولار. من متوسط سنوي تقريبي قدره 70 مليون دولار أمريكي بين عامي 1994 و 1999 ، إلى 170 مليون دولار أمريكي بين عامي 2000 و 2007 ، ومنذ عام 2008 ، إلى حوالي 400 مليون دولار أمريكي. أكثر من 60٪ من الناتج المحلي الإجمالي للسلطة الوطنية الفلسطينية يتكون في الواقع من مساعدات من الصناديق الأمريكية والاتحاد الأوروبي والأمم المتحدة والبنك الدولي. وإجمالا، تلقى الفلسطينيون 793 مليون دولار من المساعدات الدولية في عام 2013. لا توجد دولة في العالم تصل إلى هذه الأرقام السخيفة.

ولكن حتى اليوم، من داخل الولايات المتحدة، يجعل اللوبي العربي نفسه مسموعا؛ هناك تكتل واسع من مراكز الفكر العربية، والكراسي الأكاديمية والصحفيين، الذين لديهم مصالح أو علاقات مع العديد من الدول العربية، الذين يترأسون الأيديولوجية المعادية لإسرائيل.

وكيف لا نتحدث عن اللوبي السعودي، أو بالأحرى صناعة النفط القوية للغاية في الولايات المتحدة، وكذلك في جميع أنحاء العالم.

إن اهتمام تلك القطاعات الأمريكية بالحفاظ على علاقة متينة مع الدول الرئيسية في الشرق الأوسط (العراق وإيران والمملكة العربية السعودية وإمارات الخليج الفارسي) واضح. وينطبق الشيء نفسه على مصنعي الأسلحة ومصنعي الطائرات وشركات التكنولوجيا الفائقة. على سبيل المثال، من سبتمبر 2005 إلى سبتمبر 2006، تلقت هذه الصناعات ما يصل إلى 21 مليار دولار من مبيعات الأسلحة الأجنبية. نحن نتحدث عن ضعف المبلغ المباع في العام السابق! من اشترى هؤلاء؟ المملكة العربية السعودية (5.8 مليار دولار من طائرات الهليكوبتر بلاك هوك والمركبات البرية المدرعة لأبرامز وبرادلي وغيرها من المعدات)؛ البحرين والأردن والإمارات العربية المتحدة (1 مليار دولار لطائرات هليكوبتر بلاك هوك إضافية)؛ عمان (نظام صواريخ مضاد للدبابات بقيمة 48 مليون دولار) والعديد من الشركات الأخرى من تلك المناطق.

ومن الخطأ أيضا أن جميع الرؤساء كانوا مؤيدين لإسرائيل، ولكن على الأقل متساوون.

لقد أظهرنا بالفعل ما استطاع 3 رؤساء أمريكيين القيام به أثناء وبعد ولادة الدولة الإسرائيلية.

من المؤكد أن الرئيس السابق كارتر يحد من معاداة السامية، الذي عارض دائما أي شيء تفعله إسرائيل (حتى لو كانت تنشر قوات فقط في لبنان، أو تضم مرتفعات الجولان في حرب دفاعية، أو تسهل مستوطناتها الخاصة لأغراض أمنية، أو تعترف بالقدس عاصمة لها). ورأى أنه من المناسب اتهام إسرائيل بارتكاب انتهاكات لحقوق الإنسان باستخدام الوثائق التي مررتها إليه منظمة التحرير الفلسطينية على وجه التحديد.

غير أن هذا الرجل كتب بمفرده كتابا يحمل عنوانا رمزيا: "فلسطين: سلام وليس فصل عنصري".

عندما أراد عرفات دعم صدام حسين أثناء غزو الكويت، ولهذا السبب قرر السعوديون عدم تقديم الدعم الاقتصادي لمنظمة التحرير الفلسطينية، طلب الزعيم الفلسطيني نفسه من كارتر الذهاب إلى الرياض والتوسط لاستعادة التمويل السعودي الثمين.

وقد طغت عليه السخرية في عام 1996 عندما راقب، مع مركز كارتر، انتخابات السلطة الوطنية الفلسطينية، التي قال إنها "منظمة تنظيما جيدا ومفتوحة ونزيهة".

أولئك الذين كانوا على دراية أفضل قليلا، أي مدير وكالة المخابرات المركزية السابق جيم وولسي، سخروا منه: "عرفات كان في الأساس "منتخبا" بنفس الطريقة التي انتخب بها ستالين، ولكن ليس ديمقراطيا مثل هتلر، الذي كان لديه على الأقل خصوم حقيقيون".

وأشاد الرئيس السابق بنفس الثناء بمقال افتتاحي عن انتخابات عام 2002.

في أبريل 2008، بعد أن وضع كارتر إكليلا من الزهور على قبر عرفات، احتضن علنا زعيم حماس ناصر الشاعر؛ كما سافر لاحقا إلى سوريا للقاء زعيم حماس المنفي، خالد مشعل.

لكنه (فعل) يفعل كل هذا مجانا؟

بالطبع لا؛ فقد تلقى ملايين الدولارات من التبرعات لمركز كارتر من المملكة العربية السعودية، فضلا عن مصادر عربية أخرى.

ونشرتها صحيفة "إنفستورز بيزنس ديلي" على الملأ: على سبيل المثال، تعهد ملك المملكة العربية السعودية بتقديم مليون دولار خلال زيارة كارتر إلى المملكة العربية السعودية عام 1983؛ وتبرع المصرفي من فضيحة غرفة تجارة وصناعة البحرين، آغا حسن عبيدي، بمبلغ 500 ألف دولار للمركز و10 ملايين دولار لمشاريع كارتر الأخرى. صديق عرفات، حسيب صباغ، الذي أصبحت شركته للإنشاءات مقاولا من الباطن لشركة بكتل، عمل كحلقة وصل بين عرفات وكارتر؛ في عام 1990 ذهب كارتر أيضا إلى رفيق الحريري، رئيس لبنان آنذاك، الذي كان متزوجا من فلسطينية، وتلقى 250,000 دولار لمركز كارتر. جمع تاجر الأسلحة السعودي عدنان خاشقجي 50000 دولار لجمع التبرعات للمركز في أكتوبر 1983 ، من قبيل الصدفة ... بعد ستة أشهر من تمجيد كارتر لفضائل المملكة العربية السعودية في مؤتمر تجاري سعودي في أتلانتا. في عام 1993 تبرع الملك فهد ملك المملكة العربية السعودية بمبلغ 7.6 مليون دولار للمركز. في عام 2005، قدم ابن شقيق الملك، الأمير الوليد بن طلال، ما لا يقل عن 5 ملايين دولار لمركز كارتر؛ في عام 2000، تعهد عشرة من أشقاء أسامة بن لادن له بمبلغ مليون دولار، كما فعل سلطان عمان قابوس بن سعيد في عام 1998. وجاء المزيد من التمويل من الصندوق السعودي للتنمية والصندوق الكويتي للتنمية الاقتصادية العربية، فضلا عن صندوق أوبك للتنمية.

في عام 2001 حصل كارتر على جائزة زايد الدولية للبيئة بقيمة 500,000 دولار من قبل مركز زايد ومقره أبو ظبي؛ ماذا يمكنني أن أقول، إنه مكان جميل للغاية باستثناء أنه كان أيضا المكان الذي استضاف أيضا منكري الهولوكوست، واقترح مؤامرة يهودية وراء 9 / 11 ومؤامرة من نوع حكماء صهيون للسيطرة على العالم. الناس لطيفة حقا ...

بالمناسبة: من هو الشيخ زايد بن سلطان آل نهيان؟ معروف بأنه معاد لإسرائيل ومعاد للسامية.

حتى باراك أوباما تميز بالأكاذيب الفظة، أو الجهل، اختر ما يناسبك، عن إسرائيل. ستجدهم في الفصل 25 من أرض الميعاد، أول مجلدين من مذكراته. يبدأ الرئيس الأمريكي السابق بقوة مع البلاهة:

"صدر وعد بلفور لعام 1917 عن البريطانيين الذين كانوا يحتلون فلسطين آنذاك".

إذا لم يكن هناك الكثير من المتاعب ، فسأشير إلى أن 2 نوفمبر 1917 ، وهو التاريخ الذي أشار إليه أولئك الذين أمسكوا بزمام أعظم قوة عالمية ، لم يكن البريطانيون "يحتلون" فلسطين بعد. وبدلا من ذلك، في 11 ديسمبر 1917، دخلت قوات الجنرال اللنبي القدس.

ستقول ، سهو جاد ولكن واحد فقط ... بالطبع لا!

"على مدى العقود الثلاثة المقبلة، ستنخرط إسرائيل في سلسلة من الصراعات مع جيرانها العرب".

لدينا هنا كذبة مؤلمة مماثلة لتلك التي نراها عندما تريد إخفاء هجوم إرهابي بتحويله ، في عناوين وسائل الإعلام ، إلى "شجار". إن محاولة إخفاء الدوافع والاستفزازات وهجمات العرب على الإسرائيليين واضحة.

ومع ذلك ، فقد تمكن من القيام بما هو أسوأ عندما يقول ، في ركنه الشخصي الفكاهي ،

"حشد القادة الصهاينة موجة من الهجرة اليهودية إلى فلسطين ونظموا قوات عسكرية مدربة تدريبا عاليا للدفاع عن مستوطناتهم".

في الواقع ، كانت الهجرة اليهودية محدودة بشدة من قبل البريطانيين بينما ، كما هو موضح ، تم تسهيل هجرة العرب وتنفيذها، تفلت منه (في أحسن الأحوال) تماما.

لم ينته الأمر عند هذا الحد.

"عندما انسحبت بريطانيا ، انخرط الجانبان بسرعة في الحرب".

مخطوب؟ وكان العرب قد هددوا بذبح اليهود قبل التصويت على التقسيم وبعده مباشرة. والدليل على ذلك هو أن أربع دول عربية حاولت غزو الجزء المتجه إلى إسرائيل.

في الفصل المخصص للوبي العربي، بعد المؤتمر الإسلامي العراقي الذي سبق أن أشرنا إلى فظائعه الدعائية، لا يمكن حذف الإشارة الزمنية إلى المنظمات الإسلامية الأخرى، المنظمة في الولايات المتحدة الأمريكية، مثل مجلس العلاقات الأمريكية الإسلامية (كير) منذ عام 1994؛ لقد ولدت كفكرة في عام 1993 عندما قرر أعضاء حماس والمتعاطفون معها في فيلادلفيا مقاطعة اتفاقيات أوسلو الموقعة حديثا.

وزعم مساعد المدعي العام رونالد فايتش أن النصوص والأدلة من محاكمة مؤسسة الأرض المقدسة أظهرت وجود علاقة بين مؤسسي مجلس العلاقات الإسلامية الأمريكية ولجنة فلسطين، وبين الأخيرة وحماس.

في قضية أخرى ، أوضح المدعون الفيدراليون:

"منذ تأسيسه من قبل قادة الإخوان المسلمين، تآمر مجلس العلاقات الإسلامية الأمريكية مع فروع الإخوان المسلمين الأخرى لدعم الإرهابيين".

في عام 2008، قطع مكتب التحقيقات الفيدرالي الاتصال مع كير. وقال رئيس قسم مكافحة الإرهاب السابق في مكتب التحقيقات الفيدرالي ستيف بومير انتز:

"لقد دافع مجلس العلاقات الإسلامية الأمريكية عن الأفراد المتورطين في أعمال العنف الإرهابية، بما في ذلك زعيم حماس موسى أبو مرزوق".

يستمر مجلس العلاقات الإسلامية الأمريكية في النمو مع استمرار التمويل الأجنبي؛ بدءا من المملكة العربية السعودية (250,000 دولار)، إلى حاكم مؤسسة دبي (مليون دولار)، إلى بنك الكويت (قرض بقيمة 2.1 مليون دولار)، إلى الأمير السعودي الوليد بن طلال (تبرع بمبلغ 500,000 دولار)، إلى الأمير السعودي عبد الله بن مساعد (112,000 دولار). كما تلقى مجلس العلاقات الإسلامية الأمريكية تبرعات من الندوة العالمية للشباب الإسلامي، القريبة من المملكة العربية السعودية، والتي تعتنق الأفكار الإسلامية المتطرفة.

هذا اللوبي العربي قوي جدا لدرجة أن كير، في عام 2002، أقنع المخرجين بتكييف أفضل الكتب مبيعا لتوم كلانسي، "مجموع كل المخاوف"، لاستبدال الإرهابيين العرب في الرواية بالنازيين الجدد. قام مخرج الفيلم ، بأيد مطوية تقريبا، بتنعيم فرو كير:

"آمل الآن أن تقتنعوا بأنني لن أصور صورا سلبية للعرب أو المسلمين".

بالإضافة إلى كير، هناك أيضا المجلس الإسلامي الأمريكي (AMC)، الذي تأسس في عام 1990. تحارب AMC الإرهاب بالكلمات ، لكنها لا تريد إدانة الجماعات الإرهابية مثل حماس والجهاد الإسلامي ، مضيفة أن أولئك الذين يحاربون الإرهابيين في الحقيقة يقاتلون فقط "المسلمين والعرب على هذا النحو".

حتى أن مؤسس AMC عبد الرحمن العمودي التقطت له الكاميرا وهو يحتفل بمآثر حماس وحزب الله في تجمع للإسلاميين. مرة أخرى ، في مسيرة مؤيدة للفلسطينيين خارج البيت الأبيض في عام 2000 ، أثار حشدا:

"نحن جميعا مؤيدون لحماس...أنا أيضا من مؤيدي حزب الله".

إنه لا ينسى أحدا ، على أقل تقدير ... وفي بيروت تم تصويره خلال مؤتمر مع ممثلين عن القاعدة والجهاد الإسلامي وحماس وحزب الله. تم اعتراضه عندما وصفه ، فيما يتعلق

بتفجير عام 1994 لمركز الجالية اليهودية في بوينس آيرس في الأرجنتين حيث قتل ستة وثمانون شخصا ، بأنها "عملية جديرة بالاهتمام".

وراء هؤلاء المؤيدين للإرهابيين تنجذب بعض المنظمات المسيحية مثل لجنة خدمة الأصدقاء الأمريكية ، والمؤتمر الوطني للأساقفة الكاثوليك ، والمجلس الوطني لكنائس المسيح والكنيسة المشيخية.

وكتبوا جميعا رسالة احتجاج لصالح AMC، يشار إليها باسم "الجماعة الإسلامية الرئيسية في واشنطن".

كما سجلت المحكمة الجنائية الدولية في لاهاي هدفا مثيرا ضد إسرائيل، عندما أطلقت تحقيقا جنائيا ضد إسرائيل وحماس.

ما هي المشكلة؟ وقضت بأن الأراضي الفلسطينية سيكون لها اختصاص النظام الأساسي للمحكمة وهذا أمر بغيض من الناحية القانونية لأن محكمة العدل الدولية لا يمكن أن يكون لها سوى ولاية قضائية على الدول المعترف بها بالفعل. الاعتراف بالسلطة الوطنية الفلسطينية هو مناهض للقانون بامتياز.

وبالمناسبة، لم تصدق إسرائيل ولا الولايات المتحدة على تلك المعاهدة، وبالتالي فإن قرارات المحكمة الجنائية الدولية لا قيمة لها بالنسبة لهما.

والأمم المتحدة؟ ربما يكون سلف اللوبي العربي.

حتى أنه تم الوقوف دقيقة صمت بعد وفاة كيم جونغ أون ، رئيس النظام الكوري الشمالي. نفس الشيء ، إذا جاز التعبير ، الذي أصدر ، من خلال وزير خارجيته ، بيانا جديرا بالعالم المقلوب ، عرف فيه إسرائيل

"دولة راعية للإرهاب تسعى إلى محو الدول الأخرى" التي "حولت غزة بأكملها إلى مسلخ بشري ومكان لذبح الأطفال" ، وأن هذا مستمد من "روحها الكارهة للبشر وطموحها للتوسع الإقليمي".

بالتفكير في الأمر... وسام الاستحقاق لإسرائيل.

وماذا عن بان كي مون نفسه الذي أراد دقيقة صمت على جميع ضحايا الإرهاب في العالم، خلال مؤتمر باريس للمناخ، متجاهلا، من قبيل الصدفة، إسرائيل. وكذلك فعل البابا بيرغوليو وجو بايدن وقادة دوليون آخرون.

منذ سبعينيات القرن العشرين كتلة الدول ضد إسرائيل (تقريبا جميع الأنظمة الاستبدادية أو الديكتاتوريات) في الجمعية العامة أقوى من أي وقت مضى.

على سبيل المثال في عام 1975 ، في الجمعية العامة للأمم المتحدة المكونة من 143 دولة ، الدول الشيوعية ، ديكتاتوريات دول العالم الثالث (واحدة لجميع أوغندا للقاتل أمين) ، الهند ، الدولة الصينية الكبرى ، الدول الصغيرة مثل الرأس الأخضر أو جزر المالديف ، الدول العنصرية كما سيعرف الأكراد واليهود في العراق ، مسلمو الهند والهندوس في باكستان ، سود السودان والبلطيون والإسرائيليون في الاتحاد السوفيتي. ثقة لطيفة من الناس المحترمين ... حقا.

بعد ستة عشر عاما ، في 16 ديسمبر 1991 ، بتصويت 111 لصالح و 25 ضد وامتناع 13 عن التصويت ، وجدت الجمعية العامة ، بعد أن فقدت بعض الديكتاتورية على طول الطريق ، الأصوات لإلغاء هذا العار.

إذا نظرنا إلى قرارات مجلس الأمن التابع للأمم المتحدة ال 175 التي صدرت قبل عام 1990 ، فإن 97 قرارا يتبين أنها ضد إسرائيل. ومن بين 690 قرارا للجمعية العامة للأمم المتحدة صدرت قبل عام 1990، كان 429 قرارا ضد إسرائيل.

وعلى العكس من ذلك، عندما تم تدمير المعابد اليهودية حتى عام 1967، عندما دنس الأردنيون بشكل منهجي المقبرة اليهودية القديمة في جبل الزيتون، عندما فرض الأردنيون سياسة الفصل العنصري من خلال منع اليهود من زيارة جبل الهيكل وحائط المبكى (كوتيل)، كانت الأمم المتحدة صامتة بشكل غريب.

هناك بعض القرارات السخيفة حقا مثل رقم 162/1961 ضد حقيقة أن إسرائيل أجرت بروفة لعرض عسكري في جزء من القدس تعترف به الأمم المتحدة تحت السيطرة الإسرائيلية. وكان الملك حسين ملك الأردن قد احتج ومجلس الأمم المتحدة، كما كان مطيعا دائما، استدعى إسرائيل رسميا. كان القرار رقم 250/1968 من نفس المضمون ولكن - وهو محق - في هذه الحالة أيضا قامت إسرائيل باحتفالها الوطني الحر والديمقراطي.

ومع ذلك، تجدر الإشارة إلى أنه على أي حال، من بين ما يصل إلى 65 قرارا لمجلس الأمن التابع للأمم المتحدة، والتي يزعم دائما أنها ضد إسرائيل، فإن 17 قرارا فقط (26%، أو ما يزيد قليلا عن الربع) تظهر على هذا النحو. القرارات ال 48 المتبقية تدين حقيقة أن إسرائيل "تجرأت على" الرد على الإرهاب العربي.

الجميل، أو القبيح، هو أنه عندما لا يمكن تجنبه، تسمى إسرائيل "وجميع الأطراف الأخرى المعنية".

ولكن الآن بعد أن لم تعد الهيمنة الموالية للسوفييت، وبالتالي المؤيدة للمسلمين، موجودة، هناك 193 عضوا في الأمم المتحدة لا يزال 120 منهم ينتمون إلى ما يسمى ب "حركة عدم الانحياز"، أي أولئك الذين، خلال الحرب الباردة، لم يكونوا مع الغرب ولا مع الكتلة

السوفيتية. للحصول على الفكرة اختاروا إيران كمتحدث باسمهم. ومن بين هؤلاء 56 عضوا في منظمة التعاون الإسلامي.

تم إعلان 29 تشرين الثاني/نوفمبر، وهو اليوم الذي قسمت فيه الأمم المتحدة فلسطين في عام 1947، "اليوم الدولي للتضامن مع الشعب الفلسطيني". كل هذا كان مصحوبا بخطب وأفلام ومعارض دنيئة معادية لإسرائيل. خلال أحد هذه الأحداث ، قدمت خريطة للشرق الأوسط عرضا رائعا ، بدون دولة إسرائيل ، التي تم استبدالها بهذه "فلسطين" غير الموجودة.

خلال احتفال عام 2007 (أي الذكرى ال60 لقرار التقسيم) لم يكن هناك سوى علمين، علم الأمم المتحدة والعلم الفلسطيني.

ولكي نفهم العار المعادي لإسرائيل في اتجاه واحد لمؤسسات الأمم المتحدة هذه، دعونا نعطي الكلمة، التي لم يعلن خطأها أبدا، للسفير الإسرائيلي السابق لدى الأمم المتحدة، داري غولد في عام 2000، مباشرة بعد الانسحاب من لبنان.

ها هي الحقائق (المروعة).

واختطف ثلاثة جنود إسرائيليين في مزارع شبعا في مرتفعات الجولان. وعلمت المخابرات الإسرائيلية أن عملية الاختطاف قد التقطتها اليونيفيل، بعثة الأمم المتحدة لحفظ السلام. ونفى مبعوث كوفي عنان للشرق الأوسط، تيري رود لارسن، وجود الفيديو. ماذا حدث بعد ذلك؟ واعترفت قوة الأمم المتحدة المؤقتة في لبنان بأن لديها الشريط الذي يصور ما تم رفضه حتى ذلك الحين. ومع ذلك ، ظل المجرمون أحرارا ولم يسمع أي شيء آخر عن المختطفين.

بسبب اللوبي المؤيد للفلسطينيين في الأمم المتحدة، لم يتم تذكر المحرقة النازية حتى عام 2005، على الرغم من حقيقة أن الأمين العام عنان قد ذكر بأن الأمم المتحدة ولدت على وجه التحديد كرد فعل على معسكرات الاعتقال النازية.

في الذكرى الخمسين لتحرير أوشفيتز، في عام 1995، عارض الروس والدول العربية عقد جلسة مخصصة حول المحرقة؛ صوتت 150 دولة فقط من أصل 191 دولة للاحتفال بمرور 60 عاما، ولكن فقط بعد أن وعد كوفي عنان بالتصويت (كما فعل في وقت لاحق) على القرار ضد الجدار الإسرائيلي.

لإعطاء فكرة عن البيئة ، في يوم الاحتفال ، 24 يناير 2005 ، ظلت مقاعد الدول العربية والإسلامية فارغة. فقط أفغانستان التي حررها الأمريكيون للتو ، قامت تركيا والأردن بعمل وجودي.

كما أنشأ اللوبي العربي لجنة حقوق الشعب الفلسطيني غير القابلة للتصرف في عام 1975، والتي لم تعمل إلا على جمع ملايين الدولارات من التمويل لإنتاج الطوابع وتنظيم الاجتماعات وإعداد الأفلام ومشاريع القرارات لدعم "حقوق" الفلسطينيين.

وينطبق الشيء نفسه على مجلس حقوق الإنسان التابع للأمم المتحدة (الهيئة التي حلت محل لجنة حقوق الإنسان في عام 2006)؛ وهنا نجد الديكتاتوريات أو الأنظمة الاستبدادية مثل المملكة العربية السعودية وقطر وفنزويلا. الهدف دائما هو مهاجمة الديمقراطية الإسرائيلية، مع إغماء العيون ذات الصلة بالمآسي في دارفور أو الصين أو كوبا (التي لديها مقاعد في المجلس بشكل لا يصدق).

في عام 2007، ترأس السودان لجنة مراقبة حقوق الإنسان على الرغم من أن رئيسها كان ـ اسمع هذا ـ عمر حسن البشير، قاتل دارفور سيئ السمعة.

في عام 2013 تم انتخاب إيران لعضوية اللجنة المختصة بنزع السلاح... تمشيا مع التمويل الذي تقدمه للإرهابيين، مع توسع الطاقة النووية في تلك المناطق التي توصف بأنها تهديد ضد إسرائيل على وجه التحديد.

ثم تم تعيين الديكتاتورية الفارسية نائبا لرئيس اللجنة القانونية للجمعية العامة.

ومن المفارقات أن إسرائيل لا يمكن أن تكون جزءا من لجنة حقوق الإنسان في جنيف على الرغم من كونها الدولة الوحيدة في الشرق الأوسط التي تحترمها.

بالطبع يمكن للمرء أن يعترض على أن إسرائيل تمتلك القنبلة الذرية وبالتالي فهي خطر. لكن الفرق مع باكستان والهند وكوريا الشمالية هو أن إسرائيل لم تجر أبدا تجارب نووية، ولم تهدد أبدا باستخدامها في أي حرب دفاعية.

ماذا عن مجلس حقوق الإنسان؟

وفي عام 2009 عينت لجنة للتحقيق في جرائم الحرب الإسرائيلية المزعومة التي ارتكبت خلال الحرب مع حماس.

خمن من كان عضوا؟

كريستين تشينكين، التي اتهمت إسرائيل بارتكاب جرائم حرب حتى قبل التحقيق! وقد قفزت اللجنة ـ بالطبع ـ في هذه المناسبة، وكشفت عن جميع تقاريرها المكونة من 575 صفحة تقريبا حول الحسابات الفلسطينية والمنظمات غير الحكومية التي لم يتم التحقق منها. ووفقا لهذه الوثيقة، فإن حماس لم ترتكب أساسا إرهابا ضد المدنيين، وبالتالي لم يكن لإسرائيل الحق في الدفاع عن نفسها.

وماذا عن مؤتمر الأمم المتحدة العالمي لمكافحة العنصرية في ديربان، جنوب أفريقيا في عام 2001؟

خاضعة تماما للوبي العربي ضد إسرائيل.

هل تريد البيانات الأولية؟

يبلغ عدد سكان إسرائيل 0.10٪ من سكان العالم ، ومع ذلك فإن 40٪ من أصوات الجمعية العامة ضدها.

اعترف الأمين العام السابق للأمم المتحدة كوفي عنان، عندما ألقى خطابه الافتتاحي أمام الدورة 61 للجمعية العامة في عام 2006، بأن مؤسسات الأمم المتحدة تتعامل مع المعايير المزدوجة، أي أنها تطبق معايير مزدوجة اعتمادا على ما إذا كان الأمر يتعلق بالحكم على إسرائيل أو الدول الأخرى التي لديها نفس السلوك (أو أسوأ).

أسألكم جميعا: هل لا يزال هناك شخص لديه الشجاعة للتحدث (فقط) عن اللوبي اليهودي؟

الحلفاء "المتواطئون" في الحل النهائي؟

على الرغم من أنني لم أكشف عن صلة موضوعية مباشرة بالمقال ، فقد قررت أن ألخص مرة أخرى في النهاية ، فصلا من أحد مجلداتي السابقة. سيفتح عقلك على عار خفي للمملكة المتحدة والولايات المتحدة الأمريكية.

إن الكتاب ، على أقل تقدير ، للمؤرخ وأستاذ الجامعة الأمريكية المحترم للدين اليهودي ، ريتشارد دي بريتمان ، استنادا إلى اكتشافات جديدة في الأرشيف الأمريكي والبريطاني حول الهولوكوست يساء فهمه حقا.

إن طلب المؤرخ الرجوع إلى جزء من المحفوظات المتعلقة بسلوك الولايات المتحدة تجاه المحرقة اليهودية خلال الحرب العالمية الثانية ، الذي قدمه المؤرخ إلى الأرشيف الوطني الأمريكي (NSA) ، قوبل على الفور بتردد ، إن لم يكن معارضة واضحة.

جاءت الإجابة المراوغة الأولى بعد 9 أشهر ؛ تم إعطاء إمكانية استشارة جزء مما تم طلبه بعد فترة زمنية طويلة جدا أخرى. حتى نفس الطلب مع المحفوظات البريطانية كان لا بد من دعمه بضغط من وسائل الإعلام ، وكذلك من بعض أعضاء مجلس اللوردات.

وفقط بعد فوز بلير في عام 1997 كان هناك أي بصيص من الأمل. تم تقديم نفس الطلب إلى المحفوظات السويسرية ، لكنها لا تزال غير متاحة للمؤرخين.

لماذا كانت هناك معارضة قوية من حكومتي الولايات المتحدة والمملكة المتحدة؟ ما الذي كان من المفترض أن يكون مخفيا؟

"في مايو 1943 ، قدمت السفارة البولندية في لندن لوزارة الخارجية ... رواية مباشرة (دقيقة بشكل عام) للإبادة الجماعية التي وقعت في تريبلينكا والتي اعتقد المؤلف أنها مركز إبادة لليهود الأوروبيين. غير أن الوثيقة ذكرت معسكرات أخرى كان من المقرر القضاء عليها بما في ذلك أوشفيتز".

في 8 ديسمبر 1942

"موريس فيرتهايم من اللجنة اليهودية الأمريكية ، أدولف هيلد من اللجنة اليهودية ، هنري مونسكي من بناي بريث ، إسرائيل روزنبرغ من اتحاد الحاخامات الأرثوذكس في الولايات المتحدة ، والحاخام ستيفن وايز سلموا إلى الرئيس روزفلت مذكرة "خطة الإبادة" التي تضمنت قسما خاصا مخصصا لأمر هتلر بالقضاء على اليهود ... توسل وايز إلى روزفلت للفت انتباه العالم بأسره إلى خطة الإبادة الجماعية وبذل كل ما في وسعه لوقفها. أجاب الرئيس أن الحكومة كانت على علم بالفعل (!) من جميع الأحداث تقريبا (جاء التأكيد من ممثلي الولايات المتحدة في سويسرا وفي بلدان أخرى)".

كيف استجاب الأنجلو أمريكيون لطلب قبول اللاجئين اليهود لجعلهم يهربون من الموت؟

"وزير الداخلية يعلن أن وزارته مستعدة لقبول [في بريطانيا العظمى N.d.A.] عدد محدود من اللاجئين ، دعنا نقول من ألف إلى ألفي وليس أكثر ... بشرط نقلهم إلى جزيرة مان واحتجازهم هناك طالما رأى ذلك ضروريا. من ناحية أخرى ، لا يمكنه قبول فتح الباب لليهود دون تمييز. يجب أن نضع في اعتبارنا أن هناك بالفعل 10000 لاجئ في هذا البلد وأن مشكلة استيعابهم صعبة للغاية وستصبح حرجة في حالة تجدد الهجمات الجوية. ويشير وزير الداخلية أيضا إلى أن هناك معاداة كبيرة للسامية تغلي في هذا البلد. إذا كانت هناك زيادة حادة في عدد اللاجئين اليهود ، أو إذا لم يغادر هؤلاء اللاجئون بريطانيا ، فسنكون في ورطة خطيرة بعد الحرب".

حقا لا يستحق الثناء. مفزع.

لم ينته الأمر لأن

عندما أفاد دبلوماسيون بريطانيون في تركيا في نهاية ديسمبر 1942 أن رومانيا قد تكون على استعداد لإطلاق سراح ما يصل إلى 70000 يهودي ، وصف مسؤول في وزارة الخارجية ، وهو متخصص في هذه المسألة ، ذلك بأنه "احتمال" رهيب ، ومع ذلك ، كان يجب مواجهته إذا أرادوا تجنب توبيخ رؤساء الأساقفة. لقد أنقذ تخلي رومانيا بريطانيا العظمى من هذه التجربة".

في 16 يناير ، أرسلت السيدة ريدينغ ، مؤسسة ورئيسة الخدمة التطوعية النسائية (WVS) ، إلى تشرشل هذه الرسالة:

"أنت تعرف أفضل مما يمكنني أن أصف بالكلمات الظروف الرهيبة التي يجد اليهود أنفسهم فيها تحت رحمة النازيين ... قد يتم إنقاذ البعض إذا كان من الممكن كسر الأغلال الحديدية للبيروقراطية".

رد مكتب تشرشل بطريقة لا يمكن ذكرها:

"نحن نولي حاليا اهتماما وثيقا للمشكلة الواسعة المتمثلة في إغاثة المساعدات لكل من اليهود وغير اليهود [كما لو كانوا نفس الشيء في الإبادة الجماعية المستمرة! ن.د.أ.] الذين يجدون أنفسهم تحت سيطرة العدو ... حتى لو حصلنا على إذن بإرسال جميع اليهود إلينا (ننسى اللاجئين غير اليهود للحظة) فإن النقل وحده سيمثل مشكلة يصعب حلها ..".

وحدث أيضا أن «الرجال الذين يعملون في قسم التأشيرات اشتكوا من تلقيهم، في عيد الميلاد عام 1942، بعض بطاقات المعايدة التي وصفوا فيها بأنهم «قتلة».

وفي الولايات المتحدة الأمريكية "كان الكونغرس غير مبال في الغالب ... ولكن أيضا في أمريكا ، ضاعف صدى الأخبار طلبات المساعدة ، وذلك لحث بعض مسؤولي وزارة الخارجية على محاولة منع تدفق المعلومات".

بعد ذلك ، "في 20 يناير 1943 ، أرسلت وزارة الخارجية مذكرة إلى واشنطن" رفض فيها "البريطانيون صراحة التعامل مع مسألة اللاجئين على أنها مشكلة يهودية حصرية ، موضحا أن العديد من الشعوب الأخرى كانت تعاني وأن النقد سيكون مستحقا إذا أظهر الحلفاء تفضيلا للإسرائيليين. توقعت وزارة الخارجية زيادة في معاداة السامية في أي بلد يتم إدخال اليهود من الخارج. كان يمكن لألمانيا أو توابعها أن تغرق دولا أخرى بالمهاجرين الأجانب".

لذلك ، كانت المشكلة أيضا هي وضع حد للهجرة ومعاداة السامية التي كانت ستتبع ذلك ، فضلا عن الحاجة إلى حماية نظام فك التشفير السري الشهير للحلفاء ، Enigma ، الذي كشف بالفعل عن الحل النهائي الجاري في أوروبا.

في الواقع أضافت وزارة الخارجية :

"لقد اتخذت حكومة جلالته كل خطوة ممكنة من أجل... تثبيط فكرة أن خطط الإغاثة الكبيرة كانت قابلة للتبني في حالة الحرب الصعبة الحالية".

وحتى سويسرا لديها هياكلها العظمية في الخزانة:

"في اليوم السابق لقيام السفارة السويسرية في لندن ... [تحته خط] إلى وزارة الخارجية... كيف لم يستطع الاتحاد تحمل وزن اللاجئين حتى بعد الحرب [و N.d.A.] قد طلب ضمانا بهذا المعنى ... وأضاف السفير أن سويسرا قلقة للغاية بشأن التدفق المستمر للاجئين وأن أليك راندال طمأنه بأن المحادثات ستكون غير رسمية وتمهيدية وأن الحكومة في برن لن يطلب منها بالتأكيد الالتزام بأي شيء دون التشاور معها أولا".

في 24 مارس 1943 ، تمكن جوزيف م. بروسكاور من اللجنة اليهودية الأمريكية والحاخام وايز ، الذي ترأس بشكل مشترك لجنة الطوارئ المشتركة للشؤون اليهودية الأوروبية ، من الحصول على موعد مع وزير الخارجية إيدن.

"في 27 مارس ، يوم السبت ، أعطاهم إيدن نصف ساعة. طالب وايز وبروسكاور بأن يطلب إعلان الحلفاء الجديد من هتلر السماح لليهود بمغادرة أوروبا المحتلة. وصف إيدن الفكرة بأنها "لا يمكن تصورها تماما" ... كان الوزير محبطا للغاية عندما نوقشت خطة إرسال الطعام إلى اليهود الجائعين في أوروبا ورفض أي اقتراح آخر. عاد وايز وبروسكاور المحبطان إلى ويلز الذي وعدهما بفعل ما في وسعه".

وهكذا نصل إلى سرد المؤتمر الأنجلو أمريكي لبرمودا في 19 أبريل 1943:

"وفي المناقشة المغلقة التي جرت في برمودا، اتفق كل جانب على عدم المساس بالنقطة المؤلمة للطرف الآخر؛ وعلى ألا يمس الطرف الآخر بنقطة حساسة في نهاية المطاف. خشي البريطانيون من أي مقترحات قد تؤدي إلى تفاقم العرب في الشرق الأوسط وتنطوي على مفاوضات مع ألمانيا لإطلاق سراح اليهود أو شحنة من الإمدادات الغذائية من خلال حصار الحلفاء. كانت الولايات المتحدة تخشى أي شيء يمكن أن يضر بسياستها الصارمة للهجرة".

وإذا قتل 6 ملايين يهودي ، فلا تهتم ...

الاعترافات

كما هو محدد بالفعل في الترجمة الإسبانية ، كان من الضروري اللجوء إلى العديد من المجلدات ـ من كلا المعسكرين ـ المذكورة في الببليوغرافيا. على وجه الخصوص ، فيما يتعلق بوجهة النظر الإسرائيلية ، كان اللجوء إلى مقالات بارد وديل فالي وفوكسمان ونيرنشتاين وفرشيلي ، على أقل تقدير ، أمرا لا غنى عنه.

وبالمثل، فقد استفدت مباشرة من المساعدة الهائلة من المعلومات الموجودة على العديد من مواقع الإنترنت، بما في ذلك المواقع الشخصية لميتشل بارد وفياما نيرنشتاين أو مرة أخرى، على سبيل المثال، من صفحات الويب مثل المكتبة الافتراضية اليهودية، ومشروع دريفوس، واللجنة اليهودية الأمريكية، ومعهد جيتستون.

شكرا على النصيحة لأندريا بورنشتاين.

أتوجه بخالص الشكر إلى هانز ويلمز ، الذي لولا ترجمته المجانية إلى اللغة الإنجليزية ، لما كان هذا الكتاب متاحا بسهولة لقراء هذا المصطلح.

حقيقة الحقائق حول الصراع العربي الفلسطيني هي ما كنت أركز عليه طوال هذا المقال.

أعتقد أنني قمت بدوري. الأمر متروك لكم ، أيها القراء الأعزاء ، لنشر ما قرأوه للتو والكشف عنه ـ أيضا من خلال مراجعاتكم عبر الإنترنت.

المراجع الببليوغرافية

علام، م.س. تعيش إسرائيل. من أيديولوجية الموت إلى حضارة الحياة. قصتي. موندادوري ، ميلانو ، 2007.

بارد ، م. دليل الأبله الكامل للصراع في الشرق الأوسط. ألفا ، إنديانابوليس ، 1999.

ـ اللوبي العربي. التحالف غير المرئي الذي يقوض مصالح أمريكا في الشرق الأوسط. هاربر كولينز ، نيويورك ، 2011.

ـ الخرافات والحقائق.دليل الصراع العربي الإسرائيلي. كريت سبيس للنشر المستقل، بلاتفورم سكوتس فالي، 2017.

بارنافي، إي. تاريخ إسرائيل. من ولادة الدولة إلى اغتيال رابين. بومبياني ، ميلانو ، 2001.

بن غوريون، د. الصهيونية. لوني، ميلانو ، 2000.

أسود ، أنا. الأعداء والجيران. العرب واليهود في فلسطين وإسرائيل. 2017-1917. إينودي ، تورينو ، 2018.

بولتانسكي، سي.، الطاهري، ج. الأرواح السبع لياسر عرفات. غراسيت وفاسكويل ، باريجي ، 1997.

بريجمان، أ. النصر الملعون. تاريخ إسرائيل والأراضي المحتلة. إينودي ، تورينو ، 2017.

بريتمان ، ر. ، صمت الحلفاء. المسؤولية الأخلاقية للبريطانيين والأمريكيين في المحرقة اليهودية. موندادوري، ميلانو ، 2000.

بريلانتي ، سي. الدراسات السياسية. المواد والوثائق. اليسار الإيطالي والصراع العربي الإسرائيلي الفلسطيني. 1973-1948. مطبعة الجامعة ، بيزا ، 2018.

تشومسكي ن. ، بابيه الأول. فلسطين وإسرائيل: ماذا تفعل؟ فازي، روما، 2015.

كودوفيني، ج. تاريخ الصراع العربي والإسرائيلي والفلسطيني. بين حوارات السلام ومونولوجات الحرب. برونو موندادوري ، ميلانو ، 2007.

ديل فالي ، أ. الشمولية الإسلامية تتعرض للهجوم على الديمقراطيات. محرر سولينوم ، ألساندريا ، 2007.

ـ لماذا لا تستطيع تركيا الانضمام إلى الاتحاد الأوروبي. جمعية غيريني ، ميلانو ، 2009.

ـ الحمر والسود والخضر: تقارب النقيضين المعاكسين. الإسلاموية والشيوعية والنازية الجديدة. لينداو ، تورينو ، 2009.

ديرشوفيتز، أ. القضية بالنسبة لإسرائيل. وايلي ، هوبوكين ، 2003.

إيبان، أ. تراث. اليهود والحضارة الغربية. موندادوري ، ميلانو ، 1986.

إستولين ، د. إيزيس س. ب. أ. سبيرلينج وكوبفر ، سيغراتي (مي) ، 2016.

فينكلشتاين، آي. المملكة المنسية. إسرائيل والأصول الخفية للكتاب المقدس. كاروتشي ، روما ، 2020.

فوكسمان، ﻫ. الأكاذيب الأكثر دموية.اللوبي الإسرائيلي وأسطورة السيطرة اليهودية. مطبعة أبراهام سانت مارتن ، نيويورك ، 2007.

فريزر، تي جي. الصراع العربي الإسرائيلي. إل مولينو ، بولونيا ، 2009.

هارت، أ. عرفات، إرهابي أم صانع سلام؟ سيدجويك وجاكسون ، لندن ، 1984.

هرتزل، ت. الدولة اليهودية. كارابا ، لانسيانو (الفصل) ، 1918.

ميوتي ج. دعوا إسرائيل تموت. الناس الطيبون الذين يكرهون اليهود. محرر روبيتينو ، سوفيريا مانيلي ، 2015.

ـ أوروبا بدون يهود. لينداو ، تورينو ، 2020.

مونكادا دي مونفورتي، م. إسرائيل. دولة عنصرية. حتى تجاه اليهود غير الأوروبيين. أرماندو إيديتور، روما، 2010.

موريس، ب. 1948. إسرائيل وفلسطين بين الحرب والسلام. ريزولي ، ميلانو ، 2004.

غرب. إسرائيل والنزوح الفلسطيني 1949-1947. ريزولي ، ميلانو ، 2005.

حرب إسرائيل الأولى. من التأسيس إلى الصراع مع الدول العربية 1949-1947. ريزولي ، ميلانو ، 2007.

شعبان، أرض واحدة. ريزولي، ميلانو، 2008.

الضحايا. تاريخ الصراع العربي الصهيوني 2001-1881. ريزولي ، ميلانو ، 2009.

موريس ، ب. ، بلاك ، آي. الموساد. حروب إسرائيل السرية. ريزولي ، ميلانو ، 2003.

نيريستين، ف. في القدس. ريزولي. ميلان ، 2012.

الأكاذيب ال 12 حول إسرائيل. كل كليشيهات الكراهية المعادية لليهود. محرر في جورنال ، ميلانو ، 2016.

حياة اليهود مهمة. حقوق الإنسان ومعاداة السامية. جيونتينا ، فلورنسا ، 2021.

باسيبا ، م. آفاق حمراء. سجلات رئيس تجسس شيوعي. كتب البوابة ، ساوثليك ، 1987.

بابيه، آي. التطهير العرقي في فلسطين. فازي، روما، 2008.

تاريخ فلسطين الحديث. أرض واحدة وشعبان. إينودي ، تورينو ، 2014.

سعيد، إ. القضية الفلسطينية. مأساة الوقوع ضحية للضحايا. غامبيريتي، روما، 2001.

تاركيني، أ. الاشتراكية والصهيونية ومعاداة السامية من 1892 إلى 1992. إل مولينو ، بولونيا ، 2019.

فرشيلي ، سي. إسرائيل. تاريخ الدولة. من الحلم إلى الواقع (2007-1881). لا جيونتينا ، فلورنسا ، 2007.

تاريخ موجز لدولة إسرائيل. 2008-1948. كاروتشي، روما، 2008.

تاريخ الصراع الإسرائيلي الفلسطيني. لاتيرزا ، باري روما ، 2010.

نشرت في فبراير 2024